Todos los libros de Linkgua Ediciones cuentan con modelos de Inteligencia Artificial entrenados por hispanistas. Pregúntale al chat de tu libro lo que desees acerca de la obra o su autor/a.

Para **ebooks:** Accede a nuestro modelo de IA a través de este enlace.

Para **libros impresos:** Escanea el código QR de la portada con tu dispositivo móvil.

Obtén análisis detallados de nuestros libros, resúmenes, respuestas a tus preguntas y accede a nuestras ediciones críticas generativas para una experiencia de lectura más enriquecedora.
La transparencia y el respeto hacia la autoría de las fuentes utilizadas son distintivos básicos de nuestro proyecto. Por ello, las respuestas ofrecen, mediante un sistema de citas, las fuentes con las que han sido elaboradas.

Domingo de Alcalá

Defensa de Sucre

Barcelona 2024
Linkgua-ediciones.com

Créditos

Título original: Defensa de Sucre.

e-mail: info@linkgua.com

Diseño de la colección: Michel Mallard.

ISBN rústica ilustrada: 978-84-9897-4256.
ISBN tapa dura: 978-84-1126-107-4.
ISBN ebook: 978-84-9007-463-3.

Sumario

Créditos 4

Brevísima presentación 9

Resumen sucinto de la vida del general Sucre 11

Defensa de Sucre señores editores de El Comercio 21

Lima, a 30 de junio de 1850 21

A bordo de la fragata Porcospin, a la vela sobre el puerto de El Callao, a 10 de septiembre de 1828 31

Comprobantes 35

Lima, a 10 de junio de 1850 35

Notas 83

Parte oficial de la jornada de Ayacucho
Ejército unido libertador. Cuartel general en Ayacucho, a 11 de diciembre de 1824 85

Parte de la batalla de Ayacucho 95

Número de combatientes 95

Pruebas 97

Que manifiestan la capacidad y la suma moderación del Gran mariscal de Ayacucho 97

Junin y Ayacucho 107

o esclarecimientos a El Republicano de Arequipa 107

Memoria biográfica 117

Del general Sucre, escrita por el doctor don José Manuel Losa en 1846, y publicada en La Paz 117

Libros a la carta 125

Brevísima presentación

La *Defensa de Sucre*, apareció en 1850, veinte años después del asesinato de Antonio José de Sucre. Ello sucedió debido a que un colaborador anónimo y malintencionado del periódico *El Comercio* de Lima puso en duda los méritos del héroe de Ayacucho. Había tergiversado los hechos.

En respuesta Domingo de Alcalá, sobrino por vía materna de Sucre, recogió declaraciones de los testigos de la Batalla. A fin de que explicaran la actuación del Mariscal. Estos documentos epistolares fueron impresos en Lima. La presente edición de la *Defensa de Sucre* incluye la breve biografía de Sucre que escribió Simón Bolívar.

Resumen sucinto de la vida del general Sucre

Simón Bolívar

El general Antonio José de Sucre nació en la ciudad de Cumaná, en las provincias de Venezuela, el año de 1795, de padres ricos y distinguidos.

Recibió su primera educación en la capital de Caracas. En el año de 1808, principió sus estudios de matemáticas para seguir la carrera de ingenieros. Empezada la revolución se dedicó a esta arma y mostró desde los primeros días una aplicación y una inteligencia que lo hicieron sobresalir entre sus compañeros. Muy pronto empezó la guerra, y desde luego el General Sucre salió a campaña. Sirvió a las órdenes del General Miranda con distinción en los años de 11 y 12. Cuando los generales Mariño, Piar, Bermúdez y Valdés emprendieron la reconquista de su patria, en el año de 13, por la parte oriental, el joven Sucre los acompañó a una empresa la más atrevida y temeraria. Apenas un puñado de valientes, que no pasaban de ciento, intentaron y lograron la libertad de tres provincias. Sucre siempre se distinguía por su infatigable actividad, por su inteligencia y por su valor. En los célebres campos de Maturín y Cumaná se encontraba de ordinario al lado de los más audaces, rompiendo las filas enemigas, destrozando ejércitos contrarios con tres o cuatro compañías de voluntarios que componían todas nuestras fuerzas. La Grecia no ofrece prodigios mayores. Quinientos paisanos armados, mandados por el intrépido Piar, destrozaron ocho mil españoles en tres combates en campo raso. El General Sucre era uno de los que se distinguían en medio de estos héroes.

El General Sucre sirvió el E.M.G. del ejército de Oriente desde el año de 1814 hasta el de 1817, siempre con aquel celo, talento y conocimientos que lo han distinguido tanto. El era el alma del ejército en que servía. El metodizaba todo; él lo dirigía todo más, con esa modestia, con esa gracia con que hermosea cuanto ejecuta. En medio de las combustiones que necesariamente nacen de la guerra y de la revolución, el General Sucre se hallaba frecuentemente de mediador, de consejo, de guía, sin perder nunca de vista la buena causa y el buen camino. El era el azote del desorden y, sin embargo, el amigo de todos.

Su adhesión al Libertador y al gobierno lo ponían a menudo en posiciones difíciles, cuando los partidos domésticos encendían los espíritus. El General Sucre quedaba en la tempestad semejante a una roca, combatida por las olas, clavando los ojos en la patria, en la justicia y sin perder, no obstante, el aprecio y el amor de los que combatían.

Después de la batalla de Boyacá, el General Sucre fue nombrado Jefe del Estado Mayor General Libertador, cuyo destino desempeñó con su asombrosa actividad. En esta capacidad asociado al General Briceño y Coronel Pérez, negoció el armisticio y regularización de la guerra con el General Morillo el año de 1820. Este tratado es digno del alma del General Sucre: la benignidad, la clemencia, el genio de la beneficencia lo dictaron: él será eterno como el más bello monumento de la piedad aplicada a la guerra: él será eterno como el nombre del vencedor de Ayacucho.

Luego fue destinado desde Bogotá a mandar la división de tropas que el gobierno de Colombia puso a sus órdenes para auxiliar a Guayaquil, que se había insurreccionado contra el gobierno español. Allí Sucre desplegó su genio conciliador, cortés, activo, audaz.

Dos derrotas consecutivas pusieron a Guayaquil al lado del abismo. Todo estaba perdido en aquella época: nadie esperaba salud, sino en un prodigio de la buena suerte. Pero el General Sucre se hallaba en Guayaquil, y bastaba su presencia para hacerlo todo. El pueblo deseaba librarse de la esclavitud: el General Sucre, pues, dirigió este noble deseo con acierto y con gloria. Triunfa en Yaguachi, y libró así a Guayaquil. Después un nuevo ejército se presentó en las puertas de esta misma ciudad, vencedor y fuerte. El General Sucre lo conjuró, lo rechazó sin combatir. Su política logró lo que sus armas no habrían alcanzado. La destreza del General Sucre obtuvo un armisticio del general español, que en realidad era una victoria. Gran parte de la batalla de Pichincha se debe a esta hábil negociación; porque sin ella, aquella célebre jornada no habría tenido lugar. Todo habría sucumbido entonces, no teniendo a su disposición el General Sucre medios de resistencia.

El General Sucre formó, en fin, un ejército respetable durante aquel armisticio con las tropas que levantó en el país, las que recibió del gobierno de Colombia y con la división del General Santa Cruz, que obtuvo del Protector del Perú, por resultado de su incansable perseverancia en solicitar por todas partes enemigos a los españoles poseedores de Quito.

La campaña que terminó la guerra del sur de Colombia, fue dirigida y mandada en persona por el General Sucre: en ella mostró sus talentos y virtudes militares; superó dificultades que parecían invencibles; la naturaleza le ponía obstáculos, privaciones y penas durísimas. Mas a todo sabía remediar su genio fecundo. La batalla de Pichincha consumó la obra de su celo, de su sagacidad y de su valor. Entonces fue nombrado en premio de sus servicios General de División e Intendente del Departamento de Quito. Aquellos pueblos veían en él su libertador, su amigo; se mostraban más satisfechos del jefe que les era destinado, que de la libertad misma que recibían de sus manos. El bien dura poco; bien pronto lo perdieron.

La pertinaz ciudad de Pasto se subleva poco después a la capitulación que le concedió el Libertador con una generosidad sin ejemplo en la guerra. La de Ayacucho, que acabamos de ver con asombro, no le era comparable. Sin embargo, este pueblo ingrato y pérfido obligó al General Sucre a marchar contra él, a la cabeza de algunos batallones y escuadrones de la guardia colombiana. Los abismos, los torrentes, los escarpados precipicios de Pasto fueron franqueados por los invencibles de Colombia. El General Sucre los guiaba, y Pasto fue nuevamente reducida al deber.

El General Sucre, bien pronto fue destinado a una doble misión, militar y diplomática, cerca de este gobierno, cuyo objeto era hallarse al lado del Presidente de la República para intervenir en la ejecución de las operaciones de las tropas colombianas auxiliares del Perú.

Apenas llegó a esta capital, que el gobierno del Perú le instó, repetida y fuertemente, para que tomase el mando del ejército unido; él se negó a ello, siguiendo su deber y su propia moderación, hasta que la aproximación del enemigo, con fuerzas muy superiores, convirtió la aceptación del mando en una honrosa obligación. Todo estaba en desorden: todo iba a sucumbir sin un jefe militar que pusiese en defensa la plaza de El Callao, con las fuerzas que ocupaban esta capital. El General Sucre tomó, a su pesar, el mando.

El Congreso, que había sido ultrajado por el presidente Riva-Agüero, depuso a este magistrado luego que entró en El Callao, y autorizó al General Sucre para que obrase militar y políticamente como Jefe Supremo. Las circunstancias eran terribles, urgentísimas: no había que vacilar sino obrar con decisión.

El General Sucre renunció, sin embargo, el mando que le confería el Congreso, el que siempre insistía con mayor ardor en el mismo empeño, como que era él el único hombre que podía salvar la patria en aquel conflicto tan tremendo. El Callao encerraba la caja de Pandora, y al mismo tiempo era el caos. El enemigo estaba a las puertas con fuerzas dobles: la plaza no estaba preparada para un sitio: los cuerpos de ejército que la guarnecían eran de diferentes estados; de diferentes partidos; el Congreso y el Poder Ejecutivo luchaban de mano armada; todo el mundo mandaba en aquel lugar de confusión, y al parecer el General Sucre era responsable de todo. El, pues, tomó la resolución de defender la plaza, con tal que las autoridades supremas la evacuasen, como ya se había determinado de antemano por parte del Congreso y del Poder Ejecutivo. Aconsejó a ambos cuerpos que se entendiesen y transigiesen sus diferencias en Trujillo, que era el lugar designado para su residencia.

El General Sucre tenía órdenes positivas de su gobierno de sostener al del Perú, pero de abstenerse de intervenir en sus diferencias intestinas; ésta fue su conducta invariable, observando religiosamente sus instrucciones. Por lo mismo, ambos partidos se quejaban de indiferencia, de indolencia, de apatía por parte del General de Colombia, que si había tomado el mando militar, había sido con suma repugnancia, y solo por complacer a las autoridades peruanas; pero bien resuelto a no ejercer otro mando que el estrictamente militar. Tal fue su comportamiento en medio de tan difíciles circunstancias. El Perú puede decir si la verdad dicta estas líneas.

Las operaciones del General Santa Cruz, en el Alto Perú, habían empezado con buen suceso y esperanzas probables. El

General Sucre había recibido órdenes de embarcarse con cuatro mil hombres de las tropas aliadas, hacia aquella parte. En efecto, dirige su marcha con tres mil colombianos y chilenos: desembarca en el puerto de Quinca, y toma la ciudad de Arequipa. Abre sus comunicaciones con el General Santa Cruz, que se hallaba en el Alto Perú, a pesar de no recibir demanda alguna de dicho General de auxilios, dispone todo para obrar inmediatamente contra el enemigo común. Sus tropas habían llegado muy estropeadas, como todas las que hacen la misma navegación: los caballos y bagajes, habían costado una inmensa dificultad obtenerlos: las tropas de Chile se hallaban desnudas, y debieron vestirse antes de emprender una campaña rigurosa. Sin embargo, todo se ejecutó en pocas semanas. Y a la división del General Sucre había recibido parte del General Santa Cruz, que la llamaba en su auxilio, y algunas horas después de la recepción de este parte estaba en marcha, cuando se recibió el triste anuncio de la disolución de la mayor parte de la división peruana en las inmediaciones del Desaguadero. Por entonces todo cambiaba de aspecto. Era, pues, indispensable mudar de plan. El General Sucre tuvo una entrevista con el General Santa Cruz en Moquegua, y allí combinaron sus ulteriores operaciones. La división que mandaba el General Sucre, vino a Pisco, y de allí pasó, por orden del Libertador, a Sucre, para oponerse a los planes de Riva-Agüero, que obraba de concierto con los españoles.

En estas circunstancias, el General Sucre instó al Libertador porque le permitiese ir a tomar el valle de Jauja con las tropas de Colombia, para oponerse allí al General Canterac, que venía del sur. Riva-Agüero había ofrecido cooperar a esta maniobra: mas su perfidia pretendía engañarnos. Su intento era dilatarla hasta que llegasen los españoles, sus auxiliares. Tan miserable treta no podía alucinar al Libertador, que la había previsto con anticipación, o más bien que le conocía por documentos interceptados de los traidores y de los enemigos.

El General Sucre dio en aquel momento un brillante testimonio de su carácter generoso. Riva-Agüero lo había calumniado atrozmente: lo suponía el autor de los decretos del Congreso; el agente de la ambición del Libertador; el instrumento de su ruina. No obstante esto, Sucre ruega encarecida y ardientemente al Libertador para que no lo emplee en la campaña contra Riva-Agüero, ni aun como simple soldado; apenas se pudo conseguir de él, que siguiese como un espectador, y no como un jefe del ejército unido; su resistencia era absoluta. Él decía que de ningún modo convenía la intervención de los auxiliares en aquella lucha, e infinitamente menos la suya propia, porque se le suponía enemigo personal de Riva-Agüero, y competidor al mando. El Libertador cedió con infinito sentimiento, según se dijo, a los vehementes clamores del General Sucre. El tomó en persona el mando del ejército, hasta que el General La Fuente, por su noble resolución de ahogar la traición de su jefe, y la guerra civil de su patria, prendió a Riva-Agüero y a sus cómplices. Entonces el General Sucre volvió a tomar el mando del ejército; lo acantonó en la provincia de Huailas, donde se le ordenó; y allí su economía desplegó todos sus recursos para mantener con comodidad y agrado a las tropas de Colombia. Hasta entonces aquel departamento había producido muy poco o nada al Estado. Sin embargo, el General Sucre establece el orden más estricto para la subsistencia del ejército, conciliando a la vez el sacrificio de los pueblos y disminuyendo el dolor de las exacciones militares con su inagotable bondad y con su infinita dulzura. Así fue que el pueblo y el ejército se encontraron tan bien, cuanto las circunstancias lo permitían.

Sucre tuvo órdenes de hacer un reconocimiento de la frontera, como lo ejecutó con el esmero que acostumbra, y dictó además aquellas providencias preparatorias que debían servirnos para realizar la próxima campaña.

Cuando la traición de El Callao y de Torre-Tagle llamaron los enemigos a Lima, el General Sucre recibió órdenes de contrarrestar el complicado sistema de maquinaciones pérfidas que se extendió en todo el territorio contra la libertad del país, la gloria del Libertador y el honor de los colombianos. El General Sucre combatió con suceso a todos los adversarios de la buena causa: escribió con sus manos resmas de papel para impugnar a los enemigos del Perú y de la libertad; para sostener a los buenos, y para confortar a los que empezaban a desfallecer por los prestigios del error triunfante. El General Sucre escribía a sus amigos que más interés habían tomado por la causa del Perú, que por una que le fuese propia o perteneciese a su familia, jamás había desplegado un celo tan infatigable; mas sus servicios no se vieron burlados: ellos lograron retener en la causa de la patria a muchos que la habrían abandonado sin el empeño generoso de Sucre. Este general tomó al mismo tiempo a su cargo la dirección de los preparativos que produjeron el efecto maravilloso de llevar el ejército al Valle de Jauja, por encima de los Andes, helados y desiertos. El ejército recibió todos los auxilios necesarios debidos, sin duda, tanto a los pueblos peruanos que los prestaban, como al jefe que los había ordenado tan oportuna y discretamente.

El General Sucre, después de la acción de Junín, se consagró de nuevo a la mejora y alivio del ejército. Los hospitales fueron provistos por él, y los piquetes que venían de alta al ejército, eran auxiliados por el mismo general; estos cuidados dieron al ejército dos mil hombres, que quizá habrían perecido en la miseria sin el esmero del que consagraba sus desvelos a tan piadoso servicio. Para el General Sucre todo sacrificio por la humanidad y por la patria le parece glorioso. Ninguna atención bondadosa es indigna de su corazón: él es el General del soldado.

Cuando el Libertador lo dejó encargado de conducir la campaña durante el invierno que entraba, el General Sucre desplegó todos los talentos superiores que lo han conducido a obtener la más briliante campaña de cuantas forman la gloria de los hijos del Nuevo Mundo. La marcha del ejército unido desde la provincia de Cotabamba hasta Huamanga, es una operación insigne, comparable quizá a lo más grande que presenta la historia militar. Nuestro ejército era inferior en mitad al enemigo, que poseía infinitas ventajas materiales sobre el nuestro. Nosotros nos veíamos forzados a desfilar sobre riscos, gargantas, ríos, cumbres, abismos, siempre en presencia de un ejército enemigo, y siempre superior. Esta corta, pero terrible campaña, tiene un mérito que todavía no es bien conocido en su ejecución: ella merece un César que la describa.

La batalla de Ayacucho es la cumbre de la gloria americana y la obra del General Sucre. La disposición de ella ha sido perfecta y su ejecución divina. Maniobras hábiles y prontas desbarataron en una hora a los vencedores de catorce años, y a un enemigo perfectamente constituido y hábilmente mandado. Ayacucho es la desesperación de nuestros enemigos y la envidia de los americanos. Ayacucho, semejante a Waterloo, que decidió el destino de la Europa, ha fijado la suerte de las naciones americanas. Las generaciones venideras esperan la victoria de Ayacucho para bendecida y contemplarla, sentada en el trono de la libertad, dictando a los americanos el ejercicio de sus derechos, y el imperio sagrado de la naturaleza.

El General Sucre es el padre de Ayacucho: es el redentor de los hijos del Sol; es el que ha roto las cadenas con que envolvió Pizarra el imperio de los Incas. La posteridad representará a Sucre con un pie en el Pichincha y el otro en el Potosí, llevando en sus manos la cuna de Manco-Capac y contemplando las cadenas del Perú rotas por su espada.

Lima, 1825.

Defensa de Sucre señores editores de El Comercio

Lima, a 30 de junio de 1850

Muy señores míos:

Al leer la «Ojeada a *El Comercio*», inserta en el número 3.268, el primer sentimiento que asaltó mi imaginación, fue la pena en que precisamente colocara a ustedes la alternativa de verse obligados a prestar los tipos de su imprenta, para menguar la nombradía del Gran mariscal de Ayacucho, indisputablemente inmortal y egregio en el orbe, considéresele como capitán, sea como hombre de Estado, o bien en sociedad, por su esmerada educación y la cultura de sus modales. Así como el príncipe Eugenio Beauharnais fue el modelo más caballeroso entre los tenientes de Napoleón, también el general Sucre descollaba como el lujo y gala del Ejército Colombiano, el que entre los de nuestra América, saben ustedes que no se quedara atrás de ningún otro del continente, ni por el brillo de sus hazañas, ni en razón del luminoso caudillo que lo guiara, Simón Bolívar, Libertador de Colombia y del Perú, fundador de Bolivia.

Extranjeros ustedes en este país, lo mismo que yo, concibo muy bien, que son ustedes demasiado despreocupados para juzgar que el verdadero mérito de los distinguidos generales Lamar y Gamarra, pueda acrecerse con la depresión de la fama del general Sucre. A mi ver, se ha conseguido un efecto contrario; pues sin pretender en lo menor disputar las buenas dotes y servicios al Perú de mi compatriota el colombiano Gran mariscal don José Lamar, ni desfigurar la opinión que en los fastos peruanos pueda corresponder al Gran mariscal don Agustín Gamarra, se me ha puesto en la forzosa necesidad de acopiar los documentos irrecusables que publico; no tanto por reivindicar la reputación del general Sucre, ya juzgado por la América y la Europa, cuanto por defender el decoro de los vivos; pues sin temor de equivocarme, haciendo justicia a los sentimientos de este país, me atrevo a aseverar que en el Perú, no se encuentra un solo individuo de educación y patriotismo, que bajo su firma, quiera cargar con la ignominia de calumniar en la tumba al ínclito cumanés. Ha hecho bien el apasionado «Revistador», de cubrirse con el velo del anónimo, para no sufrir las rechiflas del desprecio que merece por sus bastardos ataques, cebándose cual voraz buitre sobre los despojos de la muerte. Los revistadores europeos comúnmente hacen alarde de defender sus producciones con la autoridad de sus firmas, porque presuponen, y con razón, que si se desvían de las leyes del buen criterio y de la imparcialidad histórica, están obligados a sostener su juicio ante la opinión pública, que, nunca deja pasar desapercibidas las calumnias, ni aun los tildes producidos por la ligereza o la temeridad.

Oigamos ya, a los camaradas y contemporáneos vivos del general Sucre.

«El general Sucre, que ha tenido tan gloriosa parte en la terminación de la guerra de la Independencia, nació en 1793 [sic], en Cumaná, provincia de Venezuela. Su estatura es menos que regular; su semblante es vivo y animado, aunque no hermoso, y sus maneras finas y agradables. Fue educado en Caracas; abrazó el servicio militar en 1811 y sirvió con crédito a las órdenes del célebre general Miranda. Después se hizo conocer muy particularmente por su actividad, inteligencia y valor a las órdenes del bizarro general Piar. Desde 1814 hasta 1817 sirvió en el Estado mayor del Ejército y desplegó el celo y talento que le caracterizan. (*Memorias* del general Miller, pág. 59, tomo 2.°)».

La batalla de Ayacucho fue la más brillante que se dio en la América del Sur; las tropas de ambas partes se hallaban en un estado de disciplina que hubiese hecho honor a los mejores ejércitos europeos; los generales y jefes más hábiles de cada partido se hallaban presentes; ambos ejércitos ansiaban el combate, y todo el mundo de uno y otro partido se batió no solo bizarramente, sino a la desesperada. Lo que en número faltaba a los patriotas lo suplía su entusiasmo de que si eran batidos, era imposible retirarse. Así pues, no fue una victoria debida al azar, sino el resultado del arrojo y un ataque irresistible concebido y ejecutado al propio tiempo.

El general Sucre se expuso personalmente durante la acción, en donde su presencia podía ser de utilidad con la mayor sangre fría, y su ejemplo produjo completo efecto. El general Lamar desplegó las mismas cualidades y con enérgica elocuencia reunió algunos cuerpos que habían huido y los condujo nuevamente al enemigo.

El heroísmo del general Córdova (colombiano) mereció la admiración general, y todos vieron con satisfacción su ascenso a general de División en el campo mismo de batalla a la edad de veinticinco años. El general Lara (colombiano) se distinguió por su celo e inteligencia y el general Gamarra desplegó el tino que le caracteriza. El coronel O'Connor (irlandés al servicio de Colombia), segundo Jefe de Estado mayor, los jefes de los cuerpos y ciertamente los oficiales y tropa, sin tal vez una excepción, se condujeron con un valor y un celo, como si el éxito de la batalla pendiera de sus esfuerzos individuales.

El general Sucre mereció y ha recibido los mayores elogios por la gloriosa y decisiva batalla de Ayacucho; pero quizás no es menos acreedor a ellos por las generosas y políticas condiciones que concedió a los vencidos; y aun merece mucho mayor aplauso por la rapidez con que supo aprovecharse de la victoria, a pesar de los obstáculos al parecer invencibles que se ofrecían a la vista. Tan discreta y decisiva conducta impidió que los realistas fugitivos se reuniesen e imposibilitó que fuesen a reforzar al ultrarrealista general Olañeta. Indudablemente la marcha y persecución que hizo el general Sucre contra los realistas, fue maestra y decisiva y salvó con ella al Perú de los efectos futuros de una guerra desoladora, que indebidamente se prolongó después de la batalla de Junín por haber dejado a Canterac que se reuniese en el Cuzco a Valdés. (*Memorias* de Miller, tomo 2.º, págs. 179 y 221).

Hablando Baralt y Díaz en su *Historia de Venezuela de la batalla de Ayacucho* dicen: «Manifestó Sucre entonces que era digno de los favores de la fortuna, sellando su espléndido triunfo con la heroica generosidad de un valiente». En circunstancias en que, según la expresión de un escritor español, «podía considerarse como una gracia cuanto les fuera otorgado por su orgulloso enemigo».

Concedió a los restos del ejército vencido una honrosísima capitulación de que ofrece la historia pocos ejemplos. (*Historia de Venezuela* por Baralt y Díaz, tomo 2.º, pág. 121).

Sucre, el más virtuoso de los tenientes de Bolívar, gobernó con ella (Constitución Boliviana) algún tiempo, y al separarse del mando del país de Bolivia para volver a su patria, dijo en su discurso y despedida al Congreso (año de 1828) «Del Perú se ha dicho que los bolivianos están descontentos de la Constitución; y esta voz repetida por los agentes de allá entre nosotros y apoyada por un muy pequeño número de individuos, ha hecho que algunos tímidos se plieguen a las pretensiones de fuera para deshacerla. Yo no he observado tal descontento de la nación; pero si lo hay, toca a ella y no a los extranjeros el declararlo. De mi parte haré la confesión sincera, de que no soy partidario de la Constitución Boliviana: ella da sobre el papel estabilidad al Gobierno, mientras que de hecho, le quita los medios de hacerla respetar; y no teniendo vigor ni fuerza el Presidente para mantenerse, son nada sus derechos, y los trastornos serán frecuentes». (*Historia de Venezuela* por B. y don pág. 145, tomo 2.º).

Bolívar después de derrotar a Canterac en las pampas de Junín, regresó a Lima, dejando a Sucre para que persiguiera a los realistas en su retirada al Alto Perú; empresa que este general efectuó con tanta pericia como buen resultado, ganando una victoria decisiva en Ayacucho, con la que se completó la disolución de las huestes españolas.

El Congreso, que sancionó la adopción del Código boliviano, y eligió al general Sucre Presidente de la República, continuó sus sesiones para legislar más en detal. La República fue peculiarmente atinada en la primera elección de su Presidente en la persona del vencedor de Ayacucho, cuya moderación, urbanidad, honradez, amor a la justicia, y contracción en el desempeño de los importantes deberes que se le confiaron, le hicieron popular, y en extremo amado por todas las personas capaces de ser influenciadas por sentimientos generosos. Tenía pocos enemigos personales, y aun entre éstos, algunos lo fueron guiados por la impresión de la intimidad con Bolívar, y de que fuera favorecedor de sus principios políticos; porque todos miraban en Sucre el más firme y enérgico apoyo del Libertador. Bajo la íntegra administración de Sucre, se logró gran progreso en la organización de varios ramos de su Gobierno; los recursos del país fueron puestos en acción, y adoptados medios efectivos para promover la educación e inteligencia de la comunidad.

El general Sucre bajó de su alto puesto de una manera bien digna de su elevado carácter. Su mensaje al Congreso de Bolivia de 4 de agosto de 1828, será un monumento eterno de sus merecimientos en la organización de esta República, y de su imparcialidad al indicar aquellos puntos del Código boliviano que él juzgaba más imperfectos, etc., etc. (*Enciclopedia Británica*, tomo 4.°, págs. 742, 743 y 760).

Conocí al general Sucre en Quito en 1829, habiendo ido a pagarle una malograda visita suya. Al verme, por la primera vez en la vida, acortó la distancia dirigiéndose hacia mí y ofreciéndome los brazos. Pronto recayó nuestra conversación sobre la oposición armada que yo acababa de hacer al general Bolívar en defensa del orden constitucional de Colombia. «Malas son las revoluciones», me dijo; «pero de hacerlas, es preciso, coronel, no terminarlas, sino con la gloria y lucimiento con que usted terminó la suya. Toleremos» añadió con un gesto suplicante, «toleremos al Libertador, como se toleran las impertinencias de un padre chocho: poco tendremos que tolerarle, porque debe vivir poco». Luego me introdujo en sus aposentos para presentarme a su señora, enferma entonces, y allí me dio en una conversación muy variada entre los tres, uno de los ratos más agradables de mi vida. No correspondió lo que yo hallé en el general Sucre a la idea que yo me había formado de él, tomada tal vez de las impresiones que me habían causado la mayor parte de los hombres del ejército que en este rango me había tocado tratar o conocer. Creía encontrar en Sucre un hombre que revelara en su gesto el engreimiento de sus gloriosos triunfos, y una fastidiosa conciencia de superioridad; dogmatizando, en lugar de tomarse el trabajo de convencer; despreciando con mudo y desdeñoso desacato la razón ajena; y acordándose solo del mérito adquirido en el servicio, sin pensar en añadir otro nuevo con el ejercicio de la virtud, de la moderación y la respetuosidad hacia sus inferiores mismos. Creí encontrar este conjunto, y hallé con agradable sorpresa, la modestia del filósofo que parece ignorar su fama, la dulzura de una dama en sus modales, y un olvido sincero de sí mismo que se deja conocer, con naturalidad. De las maneras de Bolívar a las suyas, había la diferencia de medios, que se nota entre la conducta de un guerrero voluntarioso, que está acostumbrado a destruir para vencer, y la de un diestro y prudente estratégico que no trata de rendir la plaza, sino previendo que le ha de servir de cuartel de invierno: las palabras del uno y las del otro, hacían el contraste de un golpe de, música suave y melodioso, comparado con el bronco estruendo de un cañón.

No volví a verle hasta su paso por Popayán al Congreso de 1830, en cuya ocasión, difiriendo solamente a mi modo de pensar, en que debía sacrificarse la razón al interés de sobrellevar las chocheras de ambición del general Bolívar (único punto en que no podía haber conformidad en nuestras ideas) me manifestó opiniones que me llenaron de gusto y de esperanza. (El general José María Obando en *El Comercio*, n.º 2485, octubre de 1847.)

El general español García Camba, también actor y testigo en la campaña y batalla de Ayacucho, entre otras cosas dice: «Las guerrillas inmediatas siguieron ese ejemplo (del coronel español Rubin de Celis) de extemporánea bizarría, y el enemigo hasta entonces admirablemente inmóvil, se vio obligado a emplear la división Córdova, que cargó en columnas con firmeza y resolución a los atacantes, los cuales, aunque combatieron con extraordinaria bravura, abrumados por el número fueron completamente deshechos, quedando entre los muertos los dos jefes del batallón, cuyo resultado tan rápido como terrible e inesperado produjo grandísima sensación en el ejército real. El general Sucre era harto entendido para no conocer la importancia de esta ventaja y para dejar de aprovechar la ocasión que le ofrecíala imperdonable temeridad de unos, y el feliz resultado de la envestida de la división Córdova: previno a ésta la continuación de su ataque sobre nuestra izquierda débil y conmovida y empleó parte de su caballería en auxiliar a la división Córdova, cargando y arrollando nuestras guerrillas, que el valiente escuadrón de San Carlos sostuvo hasta quedar casi todo en el campo de batalla.

Entonces el general Canterac creyó conveniente mandar a la división Monet, que estaba intacta, que atravesara el barranco de su frente, y condujo personalmente a la izquierda de la línea los dos batallones de Gerona que formaban la reserva de mayor importancia, logrando de este modo restablecer un tanto el combate, aunque por poco tiempo. Mas al observar el general Sucre el precipitado avance de la división Monet, dispuso que el resto de la caballería de Colombia y dos batallones de la división Lara, la cargasen a todo trance, antes de que acabara de pasar el barranco, y a tiempo que la división Córdova llevaba por la izquierda lo mejor de la pelea.

Ansiosos el general Canterac y el virrey de paralizar el brusco ataque de los enemigos, los tres escuadrones (de la guardia) formados recibieron orden de cargar desde sus respectivos puestos, lo que animados por todos sus jefes ejecutaron con la mayor prontitud y orden, y los lanceros de Colombia los esperaron a pie firme enristradas sus enormes lanzas. Esta novedad por segunda vez presentada, y sin que hubiese mediado tiempo y lugar bastante para meditarla y contrariada, detuvo a nuestros soldados delante de sus engreídos adversarios, y en medio del fuego de sus infantes y de los nuestros dispersos: allí comenzó sin embargo un combate encarnizado, aunque desigual, que acabó por dejar en el campo la mayor parte de los jinetes españoles, imposibilitando del todo la continuación del descenso de esta caballería.

El escaso batallón de Fernando VII que había quedado parapetado en la falda de la Cordillera sobre el campo de Ayacucho, rompió el fuego desde su posición, signo del más cruel y triste agüero para el general Valdés, que por lo inclinado del punto de su ataque, no podía ver bien lo que pasaba en el resto de la línea, a tiempo precisamente que adelantaba con conocida ventaja sobre las tropas de Lamar. Pero cargada su división con nuevas fuerzas ya victoriosas (Vencedor, Vargas y Húsares de la división Lara), no obstante, su acreditada serenidad y la valentía con que, a pesar del mal terreno se condujeron a su voz, los húsares de Fernando VII, todo cedió al destino adverso, y como a la una de la tarde el resto del ejército real que no había sido muerto, herido o prisionero, huía en todas direcciones.

La confusión y la incertidumbre se retrataban en el semblante de todos, y ninguno acertaba a proponer el arbitrio que convendría adoptar en tamañas circunstancias, cuando al ponerse el Sol de tan funesto día, se anunció por retaguardia un oficial parlamentario, a quien seguía el general Lamar, que pretendía hablar al general Canterac, como lo verificó, asegurando que el general Sucre estaba dispuesto a conceder a los vencidos una capitulación tan amplia como sus altas facultades permitiesen, a fin de que cesaran del todo las desgracias en el Perú.

Los generales Canterac y Carratalá después de conferenciar con el general Sucre extendieron las bases preliminares de una transacción, y las remitieron seguidamente a sus compañeros acampados en el alto de la Cordillera. Acordaron además, que al otro día, 10 de diciembre, temprano pasasen al campo de Sucre situado en el pueblo de Quinua don Jerónimo Valdés y don Andrés García Camba, como se verificó, etc. Sucre ostentó ante los nuevos comisionados mucha franqueza y generosidad: aceptó lisa y llanamente las bases preliminares presentadas, con solo tres restricciones, que puso de su puño en el mismo borrador escrito por don José Carratalá, etc.

El cuerpo de Rubin de Celis extemporánea y temerariamente lanzado al ataque contra el parecer de su inmediato general, alegando su Jefe tener órdenes superiores al efecto, en cuya virtud cedió Villalobos, provocó a la División Colombiana Córdova a tomar la ofensiva y los destruyó con su superioridad, aunque no sin pérdida. Para reparar esta desgracia, se empeñó la división Monet en el paso del barranco de su frente, y visto este imprudente avance, el general Sucre prescindió con habilidad momentáneamente de su izquierda para empeñar la infantería y la caballería de Colombia por la derecha y el centro con toda decisión, como que de su éxito dependía su porvenir; y esta resuelta arremetida produjo en los soldados realistas la más inexplicable sorpresa: batiéronse, no obstante con una firmeza y una valentía dignas de mejor suerte, etc.

El ejército independiente se componía en su mayor parte de soldados colombianos aguerridos, que distaban de quinientas a mil leguas de sus hogares, contaba con muchos jefes y oficiales experimentados y con varios extranjeros de nombradía. El general Sucre se condujo como conocedor de la difícil situación en que se hallaba colocado, y es menester confesar que supo sacar con inteligencia el partido que la necesidad aconsejaba, ya que los españoles olvidando el antiguo proverbio de al enemigo que huye el puente de plata, se sirvieron de la mayor movilidad de sus tropas para impedirles la continuación de la retirada, aunque con el plausible fin de alcanzarlos y batidos.

(*Memoria para la Historia de las armas españolas en el Perú* por el general Camba, págs. 234, 237, 239, 240, 247 y 248, tomo 2.º)

Inmediatamente después, Sucre se encaminó a su patria tocando de paso en el Callao para ofrecer al gobierno de Lima su mediación particular en el arreglo de las diferencias que daban origen a su guerra con el de Colombia por la siguiente nota:

A bordo de la fragata Porcospin, a la vela sobre el
puerto de El Callao, a 10 de septiembre de 1828

Al Excmo. Señor Presidente de la República Peruana.
Excmo. Señor.
Los negociadores del Gobierno boliviano ofrecieron de mi parte al general del Ejército del Perú, que en mi bajada del puerto de La Mar a Guayaquil, tocaría en éste, con el objeto de ofrecer mis buenos oficios en cuanto tendieran a transigir las diferencias del Gobierno peruano con el de Colombia. Aunque los acontecimientos en aquel país variaron de tal modo, que pudiera considerarme exonerado de mi compromiso, he creído útil cumplirlo, oponiendo a los rencores personales un acto generoso; y llenando mi palabra, he llegado aquí desechando las ocasiones que tuve en Cobija y Arica para marchar directamente a Guayaquil.

Ignorando el estado presente de las cosas entre Colombia y el Perú, no acierto a decir, si mi paso será de algún provecho, o si en las opiniones se juzgará bien o mal. En mi posición única, me toca mostrar con él mis deseos particulares por la paz entre los pueblos de América, convencido de que la guerra trae siempre consigo males públicos, especialmente en nuestros desolados países.

Mi falta de conocimiento del estado actual de las relaciones entre Colombia y el Perú me deja ignorante, de si los intereses o el honor de alguno de los dos pueblos, hacen imprescindible la guerra.

Sin examinar los derechos o los deberes en que alguno esté para llevarla a cabo, habiéndoseme acusado de que soy yo una de las causas o el agente de un rompimiento, debo individualmente, hasta por mi reputación, desmentir esta calumnia, añadiendo al paso que doy, mi conducta hacia el Perú desde principios de 1827, que es suficiente comprobante de mi anhelo porque la paz no fuera turbada.

Si el Gobierno peruano acepta mis oficios para una reconciliación con Colombia, recibiré con gusto cualquiera comisión en favor del reposo de esta República; y puede dirigirme a bordo sus instrucciones que prometo desempeñar honradamente. Si al contrario, mi oferta fuese inoportuna, porque o sea tarde, o porque el honor y el interés de una de estas naciones exija o importase luego la guerra, habré siquiera deshecho aquella calumnia, y puéstome a cubierto ante la América, de toda responsabilidad, por los males que alguna de ellas sufra; especialmente cubriré mi conducta ulterior en que me coloquen las circunstancias, para que en ningún caso se juzgue que mis procederes son guiados por resentimientos personales, por enconos o venganzas, a que de todo corazón renuncio, cuando se trata del bien público, y que por justos que sean, los pospongo a la dicha de los pueblos, a quienes siempre he consagrado mis constantes servicios. ¡Ojalá, que no sea yo vengado, ni por los sucesos, ni por la lucha de pretensiones entre los mismos que me han ofendido, para que los pueblos no sean las víctimas! Habiendo pensado no bajar a tierra y recibir a bordo la contestación y el despacho de V.E., ruego que sea pronto; porque si el estado de mi salud permite cualquiera sacrificio por la causa general, también reclama mi pronta llegada a Quito para completar mi curación. Es por esto que si el Gobierno peruano halla inútiles o inoportunos mis oficios pacíficos, se dignará en retribución a la buena fe y sinceridad con que he venido a ofrecerlos a la República, proporcionar un pequeño buque, que de mi cuenta me conduzca a Guayaquil, siguiendo viaje hoy mismo si es posible.

Dios guarde a V.E.

—Por S.E. el Gran mariscal de Ayacucho, el Edecán.

—José Escolástico Andrade.

«Recibida con frialdad y aun con desdén esta oferta generosa, abandonó Sucre las costas peruanas y llegó a Guayaquil el 17 de septiembre, después de seis años de ausencia, por resultado de los cuales quedó libre el Perú, constituida Bolivia y terminada la guerra de la independencia americana» (*Historia de Venezuela* por B. y don págs. 250 y 251).

Hablándose de la batalla de Tarqui, dicen los mismos historiadores. «Esparcióse rápidamente la noticia del asesinato de los jefes colombianos, y en el primer movimiento de su indignación ejercieron los vencedores crueles represalias, a que puso término Sucre, condenando a muerte al que privara de la vida a un prisionero. No contento con esto, mandó también suspender la persecución; pues satisfecho el honor de Colombia, era ya inútil derramar más sangre americana. Repugnaba al que fue tan clemente y magnánimo con los españoles en Ayacucho, mostrarse en Tarqui severo y vengativo con hermanos; y por esto, recordando los hechos de aquel día de gloria y de virtud, ofreció a Lamar una capitulación que salvara las reliquias de sus fuerzas. (*Historia de Venezuela* por B. y don pág. 259, tomo 2.º) La muerte del Libertador había sido precedida por la de otro insigne americano. No en el lecho del justo ni en el campo de batalla, que tantas veces ilustró con la victoria y la clemencia, sino a mano de viles asesinos pereció Sucre en la flor de sus años, y cuando la patria estaba más necesitada de la virtud y de los talentos de aquel hijo esclarecido. Se ha visto ya que el Gran mariscal de Ayacucho ocupó la Presidencia del Congreso constituyente de Colombia; y ha de saberse, que allí separándose del común sentir de sus conmilitones, y de las ideas exageradas del partido opuesto, defendió la libertad del pueblo y los principios más sanos de orden y gobierno con el tino, ilustración y cordura que brillaron siempre en todas sus acciones. Difícil es concebir, por qué tuvo Sucre enemigos, habiendo sido moderadas sus opiniones, sus servicios a la patria desinteresados, finas y agradables sus maneras, bueno su corazón y en extremo generoso. Tal vez era molesta e importuna en aquella época de errores y de crímenes tan excelsa virtud; pues contrariaba la ambición de caudillos poderosos o los planes insensatos de algún bando político; y casi confirman estas sospechas los precedentes y circunstancias de la traición, que logró privarle de la vida. Pruebas hay que el golpe fue preparado despacio y a sangre fría: es bien sabido que la misma víctima tuvo con tiempo avisos del peligro. Eran por desgracia muy urgentes los negocios que exigían en el Sur 32 la presencia del Gran mariscal, y muy noble su alma para que pudieran intimidado riesgos oscuros, a que por otra parte no dio crédito, fiado en el testimonio de su pura conciencia». (*Historia de Venezuela* por Baralt y Díaz, págs. 543 y 544).

Comprobantes

Lima, a 10 de junio de 1850

Señor de mi distinguido aprecio.

Usted debe haber leído la «Ojeada a *El Comercio*», inserta en el número 3.268 de este periódico. En ella se trata muy despreciativamente al inmortal general don Antonio José de Sucre, hasta el extremo de negarle toda capacidad táctica ni estratégica, y limitando su misión en la célebre jornada de Ayacucho al papel de arengador.

No hay duda, ni me opongo a que los muertos deban ser juzgados por los vivos; pero cuando éstos se apartan de la veraz imparcialidad que demanda la historia, severa e impasible siempre, no les queda a aquellos otro recurso para rectificar los hechos, que el de apelar al testimonio de sus contemporáneos y colaboradores.

Habiendo tenido usted la fortuna de segar también laureles en el campo de Ayacucho, y siendo juez muy competente, para valorizar los hechos y los hombres, que entonces figuraron; le he de estimar, que con la franqueza propia de un veterano de la libertad, y la veracidad de un hombre de bien, testigo y actor en ese día de eterna prez y gloria para los americanos del Sur, me diga a continuación; cuál fue en realidad el comportamiento militar del general Sucre en aquella batalla, y cuál su capacidad estratégica en la dirección de la campaña. ¿Cree usted que el general Sucre estaba dotado de la cabeza y del corazón que se requiere para la formación de un héroe? ¿Piensa usted que en el memorable 9 de diciembre de 1824, correspondió bizarramente a las esperanzas de la América del Sur, a la confianza del Libertador de Colombia, a los deseos del Perú y a la fidelidad y esfuerzos de sus conmilitones? ¿Es o no digno representante de las glorias inmarcesibles del Ejército Unido Libertador, justamente orlado por sus compañeros de armas con el título imperecedero de Gran mariscal de Ayacucho?

Réstame todavía pedir de usted, que se sirva manifestarme lo que usted conoció del general Sucre como hombre privado, ya por su educación y trato en sociedad, ya por sus costumbres, o bien por sus principios y maneras en relación con los pueblos, con sus camaradas y subordinados, y aun con sus enemigos vencidos.

Sorprenderá a usted quizá mi exigencia; pero debe cesar esta sorpresa, al recordar, que como pariente inmediato del general Sucre, es mi deber defender su memoria ultrajada sin razón, como soldado del Ejército Libertador, me corresponde sostener la gloria de uno de los más esclarecidos y afortunados capitanes de la América del Sur; y como amigo fiel, cúmpleme rechazar los tiros con que la envidia y maledicencia quisieran perturbar el sueño apacible del inmaculado Gran mariscal de Ayacucho.

Soy con perfecta estimación de usted muy atento y obediente servidor. Q.B.S.M.

—Domingo de Alcalá.

A los beneméritos señores
coronel don Juan Espinosa.
coronel don Baltasar Caravedo.
general don Agustín Lerzundi.
general don Manuel Ignacio Vivanco.
general don Juan Crisóstomo Tarrico.
general don José María Raygada.
general don Manuel Aparicio.
gran mariscal don Miguel San Román.

***

Señor don Domingo de Alcalá.

Lima, a 10 de junio de 1850.

Muy señor mío y amigo.

Si las glorias y esclarecido mérito del general Sucre estuvieran al alcance de los tiros de oscuros envidiosos; no sería el héroe que reconoce el mundo. La historia imparcial lo colocará en la primera línea de los caudillos de la independencia americana, cuya gloria no está manchada con ningún crimen, con ninguna falta, y tiene además, la aureola del martirio; porque su virtud fue insoportable a los malvados.

Entre tanto, yo que me honro con haberle merecido algunas consideraciones, de haber servido a sus órdenes en las campañas de Colombia y el Perú, creo tributar un homenaje a la verdad diciendo, que el general Sucre ha sido siempre tenido por el más estratégico de los generales de la independencia americana; por un jefe sagaz, prudente y del alma más elevada. Que es un principio inconcuso que el que manda en Jefe en una batalla es el dueño de la gloria, si vence; del vituperio y responsabilidad, si es vencido. En el ejército aliado contra Napoleón, habría otros generales de más capacidad y talento tal vez, que el vencedor en Waterloo; ¿pero quién fue el vencedor? Wellington, responde todo el mundo, y no averigua más.

El Perú que se gloria de tener un escuadrón titulado Húsares de Junín, ¿pondrá en duda la gloria del Gran mariscal de Ayacucho? Pero no es el Perú el que pretende rebajar el mérito de su Libertador. ¡No! Es uno que otro hombre de alma mezquina, de espíritu vil y apocado que se figura a sus solas, cuando ninguna noble influencia lo domina, que su conciencia es la conciencia pública, y lanza una blasfemia que subleva los ánimos, que repugna a la razón, que rechaza todo el mundo.

Respecto a su carácter privado, no apele usted a mi testimonio solo: cuantos le trataron encontraron en él la finura de modales, la delicadeza de trato y buen tono que hacían de él un hombre no solo distinguido, sino muy sobresaliente. Esto agregado a una instrucción sólida y variada, a sus ideas liberales y a la notable bondad con que gobernó a Bolivia, que recuerda su nombre con gratitud, hacen del general Sucre uno de los caudillos más afamados que ha tenido la América del Sur.

No me extiendo más, porque estoy persuadido de mi insuficiencia para tratar este asunto con la dignidad que corresponde, quedando de usted, su afectísimo amigo y seguro servidor.

—Juan Espinosa.

***

Señor don Domingo de Alcalá.

Lima, 14 de junio de 1850.

Mi apreciado señor mío.

Me hace usted un honor desmesurado juzgándome competente para calificar los hechos y los hombres de la inmortal campaña de Ayacucho, a que tuve la honra de concurrir. Convencido de mi incapacidad para pronunciar un juicio ilustrado en tan grave y delicada cuestión; penetrado sin que haya afectación de modestia en esta sincera expresión de la voz de mi conciencia de no ser yo un juez idóneo para tal debate, declinaría de buena gana el honor que usted me hace con tan lisonjeras palabras en su carta precedente. Pero no puedo ni debo negar a usted mi testimonio, como el de un simple testigo de los hechos a que las preguntas de su carta se refieren, ya que no fuera por el sentimiento de la justicia hondamente grabado en mi pecho, por apelar usted a mi veracidad, no menos que por los nobles sentimientos que le guían en sus esfuerzos para reivindicar la gloria de su digno pariente el ilustre vencedor de Ayacucho.

No he leído el artículo de *El Comercio* a que alude usted, porque de algún tiempo a esta parte, rara vez veo nuestros periódicos. Así que, limitándome a satisfacer las interrogaciones de usted, mis respuestas no deberán tomarse como un examen o refutación de aquel escrito, sino únicamente como la fiel expresión de mis opiniones sobre las altas cualidades del mariscal de Ayacucho.

Su honrosa comportación militar en la batalla de este nombre, sus distinguidos conocimientos tácticos y estratégicos manifestados en la dirección de aquella campaña, su serenidad, cálculo y previsión acreditados en todos los movimientos y operaciones del Ejército Unido Libertador, y muy particularmente desde la retirada llamada de Lambrama, hasta el fausto 9 de diciembre de 1824, son hechos universalmente reconocidos por cuantos compusieron parte de las huestes que tuvo bajo su mando. Afirmar yo, como lo hago, con mi constante convicción estas verdades, no es pues más que añadir mi débil testimonio, el que no rehusará a usted ninguno de los testigos y actores de la campaña libertadora del Perú. El fallo imparcial de la historia, que ejerce ya su jurisdicción desapasionada sobre el nombre del malogrado mariscal Sucre, acorde con el unánime sentimiento de sus compañeros de armas de Ayacucho, adornará su sepulcro con los laureles de aquella victoria gloriosa, cuyo principal honor pertenece a su nombre histórico.

La suerte varia y caprichosa de las batallas ha sabido algunas veces decorar con los honores del triunfo a caudillos que desnudos de las prendas del corazón y de las dotes del espíritu, que constituyen a un héroe, han debido solo a esa ciega fortuna victorias ruidosas, aun a pesar de sus desaciertos o de su timidez. No ha sido sin embargo de tal naturaleza la victoria que reportó en Ayacucho el general Sucre, cuya inteligencia superior y cuyo valor frío e inconmovible, fueron reconocidos a la par por los militares que tuvo a sus órdenes y por los enemigos que combatió. Unos y otros, el Libertador Bolívar, el Perú y la América entera estuvieron acordes en declararlo digno de aquella espléndida victoria, de la gratitud del país, del aprecio de los enemigos mismos, a quienes trató generosamente, de la gran confianza depositada en su persona y del afecto y respeto de sus subordinados. El renombre de Gran mariscal de Ayacucho que le fue concedido, mereció la aprobación y los aplausos de peruanos y colombianos.

Réstame solo en conclusión testificar, en cuanto me es dado, que la amabilidad generalmente reconocida del general Sucre, la sagacidad de su carácter, la cultura y suavidad de sus modales, la modestia de su porte, su probidad, su desinterés, su celo por la disciplina y su consideración para con los pueblos, fueron sin duda las cualidades que tuvo presentes el general Bolívar al encargarle el mando del Ejército. Su conducta en la campaña dio testimonio de todas ellas, y le hizo captarse la común estimación de las tropas peruanas y de las auxiliares, entre los que no faltaban, como era natural, disensiones y emulación, que requerían en el jefe toda aquella flexibilidad, discreción y cordura tan distinguidas para neutralizar sus perniciosos efectos.

Creo haber correspondido a la interpelación que usted se ha servido hacer a mi veracidad, con lo que acabo de escribir en respuesta; y deseando quede usted satisfecho con ella, me suscribo de usted atento, obediente servidor Q.B.S.M.

—Baltasar Caravedo.

***

Señor don Domingo de Alcalá.

Lima, 14 de junio de 1850.

Señor de mi consideración:

Al absolver las preguntas que contiene su apreciable, que no son en mi concepto más que las cualidades relevantes y el compendio histórico de la nombradía que éstas le produjeron por sus grandes hechos que formaron el adorno del Gran mariscal de Ayacucho, me creo, sin embargo de mi insuficiencia en aquel entonces y aun ahora, en el honroso y grato deber de rendir un tributo de justicia a su ilustre nombre y a su memoria; pues que los bien merecidos y justos títulos con que sus heroicas hazañas le conquistaron la admiración de la América meridional, y de los militares, que como yo, aunque en clase de subalterno sin perderlo de vista, podíamos alcanzar a juzgar por sus acertadas y felices disposiciones, sus conocimientos estratégicos y la pericia que adunó al genio en las circunstancias graves, solemnes y decisivas con que diestramente supo aprovecharse de éstas y de aquellos, que le señalaban en su inmortal carrera el triunfo definitivo que selló la independencia de la América del Sur.

No obstante hallarme, como he dicho, de subalterno en aquella época memorable y gloriosa, que me impedía un contacto frecuente con el Gran mariscal Sucre, esto no me privó del trato que su genial afabilidad prodigaba a todos, y en el desempeño de mis servicios y obligaciones, como en las francas y benévolas consideraciones que me dispensó, de que me honro hasta hoy, pude alcanzar a apreciar sus cualidades recomendables, su moralidad bien conocida, sus vastos y variados conocimientos que acreditó, no solo en la lucha obstinada de la guerra que dirigió con admirable tino, y la enérgica constancia que harán su imperecedera celebridad, sino con la educación cuidadosa y esmerada, que a primera vista se advertía en él, y la que sin duda cultivaba aun en medio de las fatigas y de los peligros consiguientes a su profesión, no menos que a la tremenda responsabilidad que pesando sobre él, lo había de execrar o enaltecer a los ojos de sus contemporáneos y a la posteridad. No es extraño por tanto verlo aparecer como un financista hábil y experimentado, como un político sagaz y profundo, como un estadista acreditado, en fin como un hombre culto y ameno, que no se embarazaba en las difíciles tareas en que lo colocara el afortunado y brillante astro que se había encargado de hacerle completar su misión providencial.

Cuando el Gran mariscal se presentó en el Perú, ya la América pregonaba con entusiasmo sus hechos, sus virtudes y sus victorias. Y a arrastraba tras sí una fama colosal, y cuando se presentó en Ayacucho para vencer segunda vez con los peruanos, unió sus sabias concepciones estratégicas con sus ínclitos e inmortales compañeros Lamar, Gamarra etc., dispuso el plan de tan arduas y simultáneas combinaciones, que secundadas en la ejecución con la habilidad, el valor y el entusiasmo americano del Ejército Unido, correspondieron a las esperanzas del Perú, del Libertador de Colombia y del que se hizo digno de comandar los soldados de la libertad, y de representar en él sus glorias inmortales. El Libertador de Colombia, este envejecido guerrero no se equivocó pues en la elección del hombre táctico, en quien la fortuna premió la pericia y el valor, porque encontró en él la cabeza y el corazón del héroe, de donde casi nacieron todas las inspiraciones que hicieron amanecer y alumbrar el 9 de diciembre de 1824, día de gloria inmarcesible en que la mañana de la naturaleza y de la libertad saludó para siempre al héroe de Ayacucho, al Ejército Unido Libertador y a la América del mediodía.

Esta portentosa victoria, fue un acontecimiento trascendental y memorable, cuya gigantesca magnitud no puede medirse, a mi ver en sus resultados: los importantes servicios prestados por el héroe de Ayacucho a la común causa, ya le están reconocidos y consignados a la historia, y son los mismos que le han adquirido derechos perfectos a nuestra eterna gratitud, y a la de todos los americanos del Sur, para tributarle el sincero y cordial homenaje deparado a los grandes hechos y virtudes que lo personificaban.

Me he extendido demasiado; pero me ha sido imprescindible con los recuerdos de aquellos días gloriosos, que siempre son recientes, y que harán el monumento de la fraternidad americana, en los que el Gran mariscal Sucre reveló con su conducta pública y privada, un genio liberal, benigno y accesible, que le captaron las universales simpatías, conciliando a la par en aquella su dignidad y circunspección características, que supieron apreciar hasta sus enemigos vencidos, como lo manifiesta la capitulación que éstos debieron a su generosidad y filantropía. No es con una plumada en un comunicado anónimo que ha registrado una de las prensas de esta capital suscrito por un solo individuo, que no representa al Perú ni a la América, y que indudablemente no debe ser peruano, el que sin antecedentes verídicos para juzgar, quiera decidir y eclipsar la reputación táctica del guerrero y preclaro Gran mariscal de Ayacucho, a quien se ha querido limitar con odiosa y criminal injusticia por sus detractores gratuitos al ridículo papel de arengador: la ingratitud no hallará jamás contrapeso para inclinar la balanza de la justicia, en que la conciencia del mundo y de la historia han pesado sus méritos y sus acciones.

El Gran mariscal de Ayacucho ha muerto ya por una mano traidora y sacrílega; mano maldita y execrable, que codiciando quizá su gloriosa fama y sus virtudes que no podría imitar, perpetró el más detestable crimen; pero su nombre inmortal arrancará siempre a los americanos del Sur una lágrima ardiente de reconocimiento y sensibilidad, que caerá sobre los altares venerandos levantados a su memoria y sobre su tumba, como un testimonio ferviente, universal y eterno de la gratitud de la América agradecida.

Ojalá que esta ligera y fugaz reseña contribuya como un grano de arena que tributan la justicia y el reconocimiento al edificio póstumo que la austera e impasible historia tiene acordado a los grandes hombres en sus doradas páginas, y en aquel sueño de la eternidad donde descansa en paz en el seno de la verdad, recibiendo allí la recompensa indefinible en que le suceden millares de siglos misteriosos para el justo.

Soy con profunda estimación su muy decidido amigo, S.S., Q.B.S.M.

—Agustín Lerzundi.

***

Señor don Domingo de Alcalá.

Lima, a 12 de junio de 1850.

Muy señor mío de todo mi aprecio.

Con mucha satisfacción he leído la estimable carta que anteayer se ha servido usted escribirme, pidiéndome le manifieste mi opinión sobre la conducta de su ilustre tío el general

Sucre en la campaña de 1824, y en la gloriosa batalla que puso término a la guerra de la Independencia.

No soy juez competente, como usted me hace el honor de creerme, para juzgar en tan gran causa y a tan excelso personaje, pero puede usted estar seguro de que me acompañan la veracidad y la franqueza que ha tenido a bien recomendarme. Y, en prueba de ello, empiezo por confesar a usted que en mi humilde concepto no debe hacer caso de las injurias que un articulista desconocido lanzara contra el esclarecido general en el número 3.268 de *El Comercio*, diario de esta capital. Si algún escritor de nota, cuya obra acatada por los inteligentes, pudiera servir de argumento a la historia, o contribuir al juicio de la posteridad, al analizar las operaciones y conducta del general en Jefe del Ejército Perú-Colombiano las hubiese censurado, fundándose en razones siquiera especiosas, yo convengo en que usted, por cuyas venas corre la sangre del ilustre difunto, debiera campear en su defensa; pero en el caso actual ¿a quién va usted a refutar? ¿qué va usted a refutar? La necia vulgaridad o sea la calumnia de que usted se ha afectado, no puede menoscabar la alta gloria del vencedor de Pichincha y de Ayacucho: a nadie es dado mancillar con frases huecas su nombre tan inmortal como la memoria de esas famosas jornadas, como la Independencia que fue su resultado, como las naciones que le debieron el ser, como el continente donde están situadas. No basta por cierto para oscurecer tanta gloria, que a un cualquiera se le antoje decir:

—El general Sucre carecía de toda capacidad táctica y estratégica: en Ayacucho no hizo más papel que el de arengador. ¡Qué quiere usted que se conteste a semejantes palabras! ¿Entraremos en el prolijo examen de sus operaciones durante la campaña? ¿Analizaremos sus disposiciones y movimientos en la batalla? Por complacer a usted, y más aun por satisfacer a la verdad y a la justicia, emprendería yo de buena gana esa, en mi concepto, no fácil tarea; pero ¿la ofensa lo requiere? parece que no, señor Alcalá. Y mientras se escriben nuestros anales militares, o la historia se encarga de consignar en sus páginas los grandes hechos de nuestra revolución, y designar a sus grandes actores el puesto que deben ocupar en el templo de la gloria, confórmese usted con que yo, consultando a mis débiles alcances, me limite a recordar lo que para mí tiene de más admirable la conducta del mariscal de Ayacucho en la campaña que con justicia le dio su nombre.

No es su sabia operación para descabezar el Apurímac, tras del cual maniobraban catorce mil españoles; no su habilidad para reunir y concentrar su ejército, cuando éstos pasando aquel río se arrojaron rápidamente; no su destreza para restablecer su línea de comunicación y ponerse de nuevo en contacto con su base de operaciones, cuando el enemigo adelantándose a pasar el Pampas cortó la una y le separó de la otra; no su sangre fría para frustrar el impetuoso y bien combinado ataque de Colpahuaico; no el acierto con que reforzó la izquierda de nuestra línea formada por la división peruana, que resistía con notable desproporción numérica el vigoroso y tremendo ataque del distinguido general español Valdés; no la oportunidad con que de acuerdo, según es fama, con el noble general Lamar hizo que el bizarro general Córdova arremetiese la línea enemiga, que por aquella parte aún no había concluido su despliegue; no por decirlo de una vez, el heroico denuedo con que arengó, alentó y dirigió sus tropas en la memorable batalla que coronó tantas proezas. En la retirada que hizo desde la margen izquierda del Apurímac hasta las inmediaciones de la ciudad de Huamanga, ¿cómo pudo ejecutar en buen orden tantas y tan dilatadas marchas? ¿cómo logró conservar sus fuerzas casi sin mengua? ¿cómo supo mantener a presencia de un enemigo poderoso y superior en número que le seguía los alcances, la disciplina, la moralidad y el ardor del soldado? Esto es lo que el vulgo no aplaudirá jamás, y lo que siempre cautivará la admiración de los hombres de la profesión. Debiólo a la calma, tino y oportunidad con que aprovechaba de las localidades y accidentes del terreno para acampar y descampar, para emprender o suspender los movimientos, para ofrecer o rehusar el combate, conteniendo siempre la prepotencia del enemigo; debiólo a la confianza que por estos medios supo inspirar a sus tropas; debiólo al esmero y diligencia con que cuidaba de su subsistencia y bienestar, y al amor que de sus resultas le profesaban; por cuya causa el Libertador le llamó el general del soldado; lo debió finalmente a su talento, a su firmeza, a su prudencia, a su benignidad, o lo que es lo mismo a su juicio y a su carácter, a su cabeza y su corazón; porque tenía la cabeza y el corazón de un héroe.

De las prendas que adornaban al general Sucre como hombre privado, no soy yo que tan honrosas y benévolas distinciones le merecí, a pesar de mi temprana edad, quien debe dar testimonio.

En el Perú y Bolivia viven todavía muchas y muy distinguidas personas, que le trataron con inmediación, que idolatran su memoria, y que se complacen en recordar y transmitir, cuánta fue su magnanimidad y desinterés, su generosidad y clemencia, su afabilidad y cultura.

Termino esta carta, señor Alcalá, asegurando a usted que me creo descargado, bien que solo en parte, de una deuda como sagrada, pagando este corto tributo de mi amor y admiración a la memoria de su excelso tío, y que apetezco muy de veras que usted, su digno sobrino, me cuente en el número de sus amigos, y me tenga por su obediente servidor Q.S.M.B.

—Manuel Ignacio de Vivanco.

***

Señor don Domingo de Alcalá.

Su casa 11 de junio de 1850.

Señor de mi consideración.

Me es altamente honroso absolver las preguntas que me hace usted en su apreciada carta que precede, refiriéndose a ciertos hechos del ilustre capitán de Ayacucho, sintiendo en mi alma la complacencia que me inspira el recuerdo del general Sucre, nombre venerado para los que como yo tuvieron la fortuna de militar a sus órdenes y participar de las glorias que con su cabeza y corazón alcanzó para inmortalizar la historia de los pueblos sudamericanos.

Por lo que presencié en la campaña de 1824, y sobre lo que hoy puedo juzgar con algunos más conocimientos que entonces, debo asegurar conforme a mi conciencia, que el general en Jefe don Antonio José de Sucre estaba dotado de una distinguida capacidad militar y de vastos conocimientos estratégicos; que con su comportamiento en la batalla de Ayacucho llenó las obligaciones de su cargo, y cumplió con los deberes del soldado, correspondiendo dignamente a los esfuerzos de la América, a la confianza del Libertador, y a los ardientes deseos del Perú, como ganándose en aquel memorable día la estimación de cuantos componían el ejército unido.

Perteneciendo yo en aquella fecha a la clase subalterna, no me cupo la suerte de tratar al general Sucre; pero sí oía continuamente hablar de su trato franco, generoso y amable, siendo aun sus actos privados acompañados de la circunspección y moral con que siempre se distingue el que recibe una educación prolija y esmerada, constándome sí, que jamás dejó de manifestar sentimientos de humanidad, cuando era preciso ejercerlos a favor de los desgraciados.

Ojalá que este pequeño y justo homenaje que tributo a la memoria del desgraciado señor Gran mariscal Sucre, pueda servir para tranquilizar al que tiene la fortuna de llamarle pariente y amigo, y de quien soy atento S.Q.B.S.M.

—Juan Crisóstomo Tarrico.

***

Señor don Domingo de Alcalá.

Lima, junio 12 de 1850.

Muy estimado señor mío.

Mi prescindencia de todas las cuestiones que en el día ventila la prensa, no me ha permitido instruirme de la «Ojeada a *El Comercio*» que ha motivado su apreciable carta de anteayer; carta que ha venido a sorprender mi abnegación con tanto más fundamento, cuanto que nunca creí hubiese quien pusiese en duda el mérito eminente y alta valía del Gran mariscal de Ayacucho, ni menos quien tentase de nublar la aureola de inmensa gloria que le circunda.

Siempre he recordado con admiración y gratitud los servicios de los próceres de la Independencia americana, y al hablar ahora del héroe que nos ocupa, no es mi ánimo oscurecer el de sus tenientes en aquella memorable jornada. Contestando pues a usted con la verdad que de mí exige y que es propia de mi carácter, diré: que desde Pichincha en que tuve la buena fortuna de encontrarme a las órdenes del esclarecido general Sucre en clase subalterna, reconocí a un general diestro, intrépido sobre el campo de batalla, y muy capaz de consumar la grande obra de la emancipación, que efectivamente consumó con su cabeza y su espada el 9 de diciembre de 1824, a que también tuve la gloria de concurrir en calidad de jefe, y ya en estado de juzgar de los hombres y de las cosas.

Me pregunta usted, si el general Sucre estaba dotado de la cabeza y del corazón que se requiere para un héroe, si correspondió a las esperanzas de la América, a los deseos del Perú, etc. ¿Qué podré decir a usted? El general en Jefe del Ejército Unido Libertador, que en medio de marchas hábiles y bien combinadas al través de todo género de privaciones, desplegando una serenidad y sangre fría asombrosas en los momentos del peligro, supo arrollar en Ayacucho a las legiones peninsulares dobles en número, y obligar a sus generales orgullosos y ufanos de sus anteriores sucesos a venir a refugiarse y capitular bajo sus banderas victoriosas, no necesita de un abogado tan pequeño como yo: la nación que lo caracterizó con el título y renombre de Gran mariscal de Ayacucho, y aun, con el de Libertador del Perú, según lo tengo entendido, título de que jamás quiso hacer uso el héroe, parece que comprendió la importancia del hombre, cuyo valor y genio habían operado prodigios, y que grande y magnánimo había salvado la libertad americana, y terminado la guerra más desoladora. Los americanos que consideran en Sucre una de sus glorias, los liberales de Europa que ven en él al excelso caudillo que empleó su valor en defender la libertad de la América del Sur, sus enemigos mismos que recuerdan al vencedor humano y generoso, y todos los que miran en Sucre un nombre histórico, son sus mejores abogados.

Parece que se le acusa de no haber servido en filas, y ciertamente he oído de boca del héroe que principió su carrera en el cuerpo de ingenieros; pero esto mismo es una presunción más de sus conocimientos estratégicos: tampoco Bolívar sirvió en filas, y Napoleón dio los primeros pasos de su carrera en la plana facultativa de artillería ¿y por eso diremos que Napoleón y Bolívar no son unos guerreros portentosos y los más grandes capitanes del siglo?

Réstame hablar a usted del general Sucre como hombre privado, y cuanto puedo decirle a este respecto es, que las diferentes ocasiones que tuve el honor de acercármele, observé un caballero de unas maneras sumamente insinuantes y de unos modales tan cultos, que revelaban al instante su finísima educación y rara habilidad.

En fin me he extendido demasiado, mi amigo; pero esta será culpa de usted que me ha tocado un punto que me afecta en extremo, y concluiré diciéndole, que sean cuales fueren las invectivas de sus enemigos, Sucre siempre será el mismo, y su memoria llegará gloriosa y sin mancha hasta la más remota generación.

Me suscribo de usted su muy atento obediente servidor Q.B.S.M.

—José María Raygada.

***

Señor don Domingo de Alcalá.

Lima, junio 20 de 1850.

Mi estimado amigo.

Como testigo ocular y como Jefe del Estado mayor de la tercera División que fui del Ejército Unido Libertador, puedo asegurar: que el resultado glorioso de la batalla de Ayacucho se debió a la decisión, valor y pericia militar del Gran mariscal Sucre. Si pudo alguna vez aconsejarse y consultar la opinión de otros generales, que sin duda poseían también conocimientos estratégicos, era más bien efecto de la consideración y buena armonía con que trataba a cada uno en su línea, y no por falta de los conocimientos militares que podría exigirse para merecer el honroso título de Libertador del Perú.

El mérito del general Sucre en la jornada de 9 de diciembre de 1824, ha sido dignamente apreciado no solo por los generales, jefes y oficiales del Ejército Unido, sino por toda la Nación.

La retirada que hizo el Ejército después del contraste de Matará, es otro recuerdo que inmortaliza la memoria del general Sucre. Si el Libertador Bolívar hubiera dirigido las operaciones de la campaña, nadie hubiera dudado que, desde Matará los españoles habrían sido dueños positivos de todo el territorio peruano.

Yo podría adelantar mis opiniones a otras circunstancias y accidentes en la serie de la campaña; pero temo que se crea que esta relación la hiciera por espíritu de parcialidad; que si pudiera haberla no seré yo el único exento de ella cuando se trata de esclarecer el mérito particular del Gran mariscal de Ayacucho.

Soy de usted siempre su afectísimo amigo.

Manuel de Aparicio[1]

1 El general don Manuel Martínez de Aparicio, de una distinguida familia de Santa Marta en Nueva Granada, sirvió honrosa y fielmente a la causa de la España hasta Pichincha, en cuya jornada dio fin a sus compromisos con la decencia y delicadeza que le son propias. Instado por el general Sucre, que supo apreciar sus buenas cualidades, para que tomara servicio en Colombia, declinó la oferta, no solamente por consideraciones de pundonor, sino también por conocer que la guerra en Colombia ya concluía, y prefirió trasladarse al Perú, que brindaba todavía ancho campo para acreditar su sincera reconciliación con la causa de la América. Fue acogido bondadosamente por el Gobierno peruano, cuya escarapela ha llevado siempre, y ha prestado constantemente sus servicios con celo, honradez y entusiasmo. El general Aparicio es hoy considerado en el Perú como merece serlo y su probidad es proverbial.

***

Señor don Domingo de Alcalá.

Lima, 14 de junio de 1850.

Señor de mi mayor aprecio y estimación. Tengo la honra de satisfacer las preguntas que se sirve usted hacerme en su favorecida de lo del presente, respecto a la capacidad militar del Gran mariscal de Ayacucho don Antonio José de Sucre, y a su valer como hombre público y en su trato particular.

Aunque no sea yo por mi pequeñez capaz de medir las proporciones de ese coloso, y su vida esté consignada en los fastos de la revolución americana de un modo irrevocable; expondré sin embargo mi juicio por cumplir con usted sobre aquello que vi y pude apreciar: lo haré en verdad y justicia.

Como general en Jefe del Ejército Unido Libertador el general Sucre manifestó en la jornada de Ayacucho ser un consumado capitán. El condujo sus huestes hasta las márgenes del Apurímac con un tino extraordinario, y en su larga retirada desde el pueblo de Lambrama desplegó tales conocimientos estratégicos, que bien pudieran competir con los de los más expertos generales de la Europa. Acosado constantemente por un Ejército superior en número y recursos y mandado por los generales La Serna, Canterac, Valdés y Monet, burló sus operaciones y frustró sus ataques por medio de hábiles movimientos y bien concertadas maniobras, hasta que llegado al pueblo de Quinua, se preparó para admitir el combate buscado con ansia por los españoles.

El 8 de diciembre de 1824, habiendo coronado el Virrey con sus fuerzas las cimas del Condorcunca, el general Sucre ocupó el llano de Ayacucho con las libertadoras, y cuando en él ostentaban su valor los cazadores de ambas partes, vi al general Sucre lucir el suyo, recorriendo nuestras guerrillas con una serenidad imperturbable, y recordando a los soldados «que toda la América tenía la vista fija sobre ellos».

Al día siguiente se dio la memorable batalla, en la que el general Sucre alcanzó por su comportamiento la merecida gloria que le da la fama. Desde que el enemigo empezó a descender de sus posiciones, ya se le vio preparar los cuerpos con admirable inteligencia en su colocación, y lanzarlos enseguida a la pelea con no menos denuedo y destreza. Durante ella, dio a conocer su pericia militar por el empleo oportuno de las diferentes armas, y por las distintas evoluciones con que envolvió y atolondró a su adversario, hasta obligarlo a ceder. Acrecienta su elogio, la consideración de que allí solo disponía, puede decirse, de uno contra dos. Merecido y justamente dádole fue, pues, en mi humilde concepto, el ilustre título de Gran mariscal de Ayacucho.

Por lo demás ¿quién ignora los talentos y profunda política del general Sucre? ¿quién no lo conoció tan tremendo en guerra, como accesible, sagaz y moderado en la paz? ¿Alguien le ha negado la cultura de su espíritu, lo esmerado y fino de su educación, su trato noble y franco, su lealtad para con sus amigos, y su afabilidad para con todos? Cuanto a ser magnánimo, escrita está la capitulación de Ayacucho, elocuente testimonio de la conducta que observó con sus enemigos vencidos.

Aquí debería terminar mi comunicación, si la de usted me interrogara sobre el mérito del general Sucre de una manera absoluta; pero remitiéndose en ella a la «Ojeada de *El Comercio*» número 3.268 en que se le considera con relación al de los generales Lamar y Gamarra, añadiré: que no porque conozca la importancia del primero, desconozco la de los segundos, cuya memoria respeto con veneración. Grandes y esforzados capitanes fueron también estos ilustres caudillos de nuestra independencia, e hicieron mucho en la campaña y batalla de Ayacucho, y si fuera del caso, expondría sus conocimientos militares y demás eminentes cualidades con la propia franqueza. En materia de merecimientos, el de uno no excluye el de otro, más cuando hablan los hechos. La posteridad ha estimado ya los de cada cual de los varones mencionados en su justa balanza. Ancho es el mundo, muchos sus habitantes y variados sus acontecimientos. Preciso es dar a cada uno lo que le pertenece, y no negar a nadie lo que Dios quiso concederle.

He contestado a usted con mi conciencia, suscribiéndome su muy atento, obsecuente servidor, Q.B.S.M.

—Miguel San Román.

***

Benemérito señor general.

Don Juan Pardo de Zela.

Lima, a 10 de junio de 1850.

Muy apreciado general y amigo.

Es natural que usted haya leído la «Ojeada a *El Comercio*» inserta en el n.º 3.268, y que se haya fijado en el desprecio con que ha sido tratada la memoria del general Sucre, negándole todo mérito militar en la campaña y batalla de Ayacucho, y ciñendo su papel al de arengador. Crece de punto la desfachatez del «Revistador», si se considera que habla en presencia de centenares de camaradas del ilustre general, en sus diversas campañas, y sobre todo en que la sanción pública ha consignado en la historia el puesto que debe ocupar el magnánimo y culto vencedor de Ayacucho. Esto me hace recordar, lo que sucedió en España con el rey José Bonaparte, a quien los frailes pregonaban como tuerto y borracho con el sobrenombre de Pepe Botellas, cuando tenía precisamente lindos ojos y era muy sobrio y moderado. Antes pues que los calumniosos detractores de nuestros grandes hombres logren lo que los frailes de España con José Napoleón, es del deber de los compañeros que sobrevivimos, salirles al encuentro con los hechos, tales cuales pasaron, y presentar a los hombres de nuestra época tales cuales lo merecen.

Usted no tuvo la fortuna de hallarse en Ayacucho, porque en una campaña no es posible que todos se encuentren en las batallas; pero sí se halló en Jauja con una importante comisión, necesaria para el complemento de aquel suceso. Nada ignora usted de lo que pasó en Ayacucho. Y precisamente, pocos hay en el Perú que tuvieran un trato más cercano con el general Sucre que usted, por haber sido su Jefe de Estado mayor en la campaña de 1823 sobre Arequipa, y por haber usted merecido en ella su plena confianza. Fundado en esto, y en el interés que todo hombre bien nacido debe tomar en el desagravio de la memoria de un Gran capitán, igualmente distinguido por sus virtudes cívicas y alta inteligencia, exijo de usted en nombre de aquella esclarecida sombra, que sin embozo y con varonil franqueza, emita al pie de esta carta la opinión que tiene usted formada del general Sucre, acerca de sus conocimientos tácticos y estratégicos en la guerra, su comportamiento en el combate y con los pueblos, su fe en los tratados, su manejo con los vencidos, y el grado de cultura y civilización de su trato en sociedad. Finalmente, ¿cree usted que sea digno representante de las glorias del Ejército Unido Libertador, y merecedor del timbre de Gran mariscal de Ayacucho, con que le saludó el Sol de 9 de diciembre de 1824?

Penosa es, mi general, la tarea que le doy; porque los recuerdos que le suscito deben enternecerle; pero usted no desconoce los justos derechos que me asisten para reivindicar los títulos gloriosos del general Sucre, que ya son el patrimonio de la América del Sur, y quizá el consuelo de los compañeros de armas que le sobrevivimos. Seamos todo, menos ingratos.

Soy con perfecta consideración de usted, señor general, muy obsecuente amigo y atento servidor, Q.B.S.M.

—Domingo de Alcalá.

***

Señor don Domingo de Alcalá.

Lima y junio 13 de 1850.

Muy apreciado señor y amigo.

Tengo a la vista su carta de usted escrita y recibida el día de ayer, cuyo contenido manifiesta el decidido interés que se toma usted en desvanecer una equivocación que ha tenido el que redactó la «Ojeada» que se halla inserta en *El Comercio* número 3.268 al contraerse en ella el escritor, recordando la memoria del Gran mariscal de Ayacucho Antonio José de Sucre, bajo cuyas órdenes he prestado algunos servicios en la dilatada lucha de nuestra emancipación política, que quedó definitivamente establecida y sellada con el espléndido triunfo de Ayacucho obtenido el 9 de diciembre de 1824, como resultado de los esfuerzos que pusieron en ejercicio peruanos y colombianos bajo la enseña de sus pabellones, que con esplendidez flamearon en aquel campo afortunado, siendo el de Colombia el que contenía mayor número de fuerzas, con que concurrió, y al que seguía el del Perú, con una emulación propia de los tiempos heroicos, porque cada individuo se disputaba ser el primero en los peligros, y cuyo entusiasmo tenía muchas veces que ser contenido por la prudencia, sagacidad y política, con que el ilustre Sucre se manifestó, no solo en esa campaña, sino también en la de Arequipa, en que me cupo la suerte de desempeñar sus órdenes como el encargado del Estado mayor general de aquel Ejército Unido, no por su escarapela, sino por sus esfuerzos, fidelidad y honor con que podía distinguirse el más sencillo soldado, a quien era necesario persuadir para que abandonase el terreno una vez adquirido, y el que tenía que ceder en fuerza de la persuasión que empleaba el Gran mariscal Sucre, y de la disciplina que con firmeza sostenía, cuando era necesario emplearla; así es que reunía las simpatías de todos los que recibían sus órdenes, y los pueblos se prestaban no solo con docilidad, sino también con entusiasmo, a obedecerlas, sin lo cual hubiera vacilado nuestra total emancipación.

Al exigirme usted emita mi opinión francamente sobre el concepto que hubiese formado de los conocimientos tácticos y estratégicos en aquella guerra, su comportamiento en el combate y con los pueblos, su fe en los tratados, su manejo con los vencidos, y el grado de cultura y civilización de su trato en sociedad, etc.; es para mí esta exigencia demasiado superior, para que mi pluma pueda preconizar las virtudes morales y cívicas, con que sha distinguido el Gran mariscal Sucre en el Perú; su memoria ya como político o ya como estratégico general en Jefe ha sido vista y juzgada, no solo por la República Peruana, sino también por la de Colombia, donde empezó su carrera, que coronó en el campo de Ayacucho, cuyo recuerdo vive siempre, aunque el héroe descanse en el sepulcro a donde prematuramente lo arrojó una mano traidora, quizá envidiosa de sus glorias; y la historia de una y otra República marcará sus hechos heroicos con caracteres indelebles, sin que dejen de tener parte en ellos los ilustres Lamar y Gamarra, que en su clase de subordinados en Ayacucho, cumplieron con precisión las órdenes que emanaban de una cabeza bien organizada, y cuyo cálculo era tan preciso, que dio los resultados que han sido ya juzgados en el gran jurado nacional, fallando los timbres y recompensas que le acordó; siendo por tanto, un juicio fenecido, acabado y pasado en autoridad de cosa juzgada, que no debe ventilarse nuevamente, y mucho menos para que yo emita una opinión que solo concretaré, «a que si me hallase en el deber de obedecer, me seria muy grato recibir órdenes de ciudadanos que reuniesen los talentos y virtudes que desplegó en el Perú el gran Sucre», a quien me cupo en suerte tratar con inmediación, dispensándome su amistad, que he respetado, admirándome siempre su moderación.

Réstame manifestar a usted, que la libertad que goza nuestra imprenta es tan excesiva, que todo el que habita el Perú tiene derecho a emitir sus conceptos en ella, y un individuo no puede contrariar la gratitud del Perú hacia la memoria del ilustre Sucre, que todo peruano sensato y pensador le tributa, y no debe extrañarse que uno u otro escritor disienta de esta opinión general, titulando al héroe de Ayacucho proclamador; lo que prueba, que no debe conocer las funciones inherentes al que desempeña un mando en Jefe, pues al saberlas, no hubiera juzgado en su «Revista» con tanta ligereza, como lo ha verificado, llamando proclamador al que debió llamar Salvador.

Soy de usted con la más cordial consideración, su muy atento obediente amigo y servidor, Q.B.S.M.

—Juan Pardo de Zela.

***

Benemérito Illmo. Gran mariscal don Antonio Gutiérrez de La Fuente.

Lima, a 13 de junio de 1850.

Mi estimado general y amigo.

La más grata tarea sobre la tierra sea quizá la que nos proporciona el placer de defender la memoria del deudo o amigo, que descansa en perpetuo sueño; y aun es más agradable todavía, cuando ese amigo ha legado a sus relacionados, títulos incontestables, que puedan en todo tiempo guarecer su reputación contra los inmerecidos ataques que le dirigiera la injusticia, o la maldad. Esta es hoy mi tarea respecto de la memoria del general don Antonio José de Sucre, venerada hasta por los vencidos en Ayacucho, y que un mal americano ha pretendido zaherir y menguar en su «Ojeada a *El Comercio*» inserta en el número 3.268 de este periódico. Verdad es, que ha escupido a un Sol, cuyo reflejo no más, sobra para rechazar la asquerosa saliva del mordaz contra su propio rostro. Sucre ha sido juzgado por su siglo, el que unánimemente le proclama Gran capitán, hábil político, consumado estadista, preclaro varón, que mereció bien de la Patria en la causa de su libertad e independencia, y de la sociedad por sus virtudes cívicas. Mas esto no basta para satisfacer a los vivos, que debemos justamente, y aun por egoísmo si se quiere, defender a todo trance la sombra sagrada de los hombres prominentes. ¿Quién, aun siéndolo, quiere hacer alarde de ser ingrato y malvado? Solo un esclavo degradado. El salteador asesino siquiera expone su vida en los caminos públicos al dar su golpe fatal: el calumniante falaz se arrastra y esconde como la sierpe, para clavar su diente venenoso en el indefenso pasajero. ¡Anatema contra los ingratos, sea la divisa de los americanos del Sur! Protestemos, mi general, enérgicamente, contra el sacrilegio que cometen los libertos sobre los restos venerados de sus libertadores.

No fue usted del número de los valerosos campeones, cuyas sienes orló Belona con el ínclito laurel de Ayacucho en 9 de diciembre de 1824, porque el Libertador de Colombia, previsor y providencial siempre, exigió los servicios de usted en otros puntos de la República; servicios tan penosos como los primeros de la campaña, e indispensables para el buen éxito de las elevadas combinaciones de aquel genio. Usted desempeñó tan satisfactoriamente sus obligaciones, que Bolívar, por su espontánea voluntad, le igualó con los brillantes vencedores de Junín y Ayacucho. La distinción que mereció usted del Padre de la Patria, le proporcionó ocasión y medios, no solo para estudiarle y conocerle, sino que le pusieron en contacto con el general Sucre. No recuerdo bien si usted conoció personalmente al Gran mariscal; pero sí hago memoria de la estrecha y continuada correspondencia epistolar que mantuvieron, siendo él Presidente de Bolivia, y usted Prefecto y Comandante general del Departamento de Arequipa.

A mérito de estas relaciones y de la notoriedad de los sucesos de aquella gloriosa época, es mi deseo, que usted se moleste en manifestar ante sus compatriotas, el concepto que tiene usted formado sobre las capacidades táctica y estratégica del general Sucre en la campaña y batalla de Ayacucho; y si es en su opinión digno de representar las glorias del Ejército Unido en aquella jornada, llevando por timbre el título esclarecido de Gran mariscal de Ayacucho. Mas quiero; y es que usted me manifieste francamente su juicio sobre la inteligencia, la cultura, los principios, la moderación, el desprendimiento, y hasta los más mínimos incidentes que usted recuerde de la vida pública o privada del general Sucre. De los muertos nada tenemos que esperar ni temer; pero seamos justos con ellos. Mas allá de la tumba, no hay odios ni rencores.

Hoy es día de San Antonio de Padua, aniversario del natalicio de usted y del general Sucre: usted existe aún para servir a la patria: él murió en el cenit de su carrera, arrebatado por una bala fratricida, que disparó la envidia contra ese mismo pecho, que los tiros enemigos respetaron en 9 de diciembre de 1824; pero vive y vivirá siempre en la memoria de los americanos del Sur, que tengan corazón para sentir, y orgullo en agradecer los servicios de sus prohombres. Pido de usted en este día un tributo de justicia en obsequio de la inmaculada víctima de Berruecos.

Soy con perfecta consideración de usted, mi general, afectísimo amigo y S.S.Q.B.S.M.

—Domingo de Alcalá.

***

Señor don Domingo de Alcalá.

Lima, junio 14 de 1850.

Estimado amigo.

No tuve la satisfacción de conocer personalmente al Ilustre general Sucre; mas por correspondencia particular y oficial demasiado frecuente, me puse en situación de merecer su amistad y confianza, ya en materia del servicio durante las campañas de Junín y Ayacucho, ya en asuntos privados. Así es que puedo asegurar, que lo conocí plenamente por todos los aspectos que presentaban sus talentos y virtudes militares y políticas.

Consiguientemente a esa estrecha comunicación, y a los datos que suministraron a todo el mundo los negocios de la guerra y el glorioso resultado de la victoria de Ayacucho, yo, así como otros mil imparciales, hemos estado, y estoy persuadido de que es un agravio a ese ilustre americano disputarle la gloria de ser en realidad el Vencedor de Ayacucho, sin privar por ello del lugar que deben ocupar los demás generales y jefes que concurrieron a tan decisivo y espléndido triunfo.

Crea usted pues, mi amigo, que me da usted una grata ocasión con su carta del 13 del corriente para manifestar mis sentimientos en obsequio de dicho general, a quien debí tantas muestras de aprecio y confianza; las mismas que tengo el gusto de ofrecer a usted, suscribiéndome afectísimo amigo y S.Q.B.S.M.

—Antonio G. de La Fuente.

***

Señor doctor don Miguel del Carpio, Consejero de Estado, etc.

Lima, 13 de junio de 1850.

Mi muy estimado amigo.

Cierto estoy de que usted habrá leído con indignación y lástima la «Ojeada a *El Comercio*» en el número 3.268 de este periódico, en que por exaltar los merecimientos de los memorables generales Lamar y Gamarra, se pretende abatir el mérito del general Sucre, hasta el extremo de decir, que ni era táctico ni estratégico, y que en Ayacucho hizo solo el papel de arengador. Sin duda que el apasionado «Revistador» no concibe cómo es que pueden alumbrar la Luna y las estrellas en el firmamento, sin que sea apagada su bella luz por el esplendente brillo del Sol. Quiero sacarle de su error, si es que ha escrito de buena fe, o confundirle si fuese un malvado detractor de ajenas reputaciones.

A este efecto ocurro a usted para que me ayude con el testimonio de lo que usted sepa concerniente a la vida pública y privada del Señor don Antonio José de Sucre, en su corta y gloriosa carrera; ya como general en Jefe del Ejército Unido Libertador, vencedor en Ayacucho, ya como Fundador y Presidente Constitucional de Bolivia, bien como estadista y economista versado en la ciencia gubernativa, ora como caballero y amigo en su trato familiar, ya como hombre culto en sociedad, y finalmente como filántropo y filósofo. Usted mereció la intimidad de ese preclaro varón, y pudo en el seno de la confianza medir las colosales y variadas proporciones de tan ilustre americano. Aun quiero, y es, que usted dé a conocer a sus compatriotas, hasta los tildes que pudiera haber tenido ese hijo mimado de la fortuna. Tiene usted la capacidad y medios para ello; la reputación de los muertos descansa siempre sobre el honor y la fe de los vivos.

Recuerdo a usted que hoy es el natalicio de nuestro esclarecido amigo el Gran mariscal de Ayacucho, quien nos contempla desde su mansión inmortal, en la que no tienen cabida la mentira y el engaño, y nos pide que no dejemos pisotear su buen nombre impunemente por las víboras y escorpiones. Seamos consecuentes en la tumba, con aquel que fue tan complaciente, tan grato y agradable con nosotros en vida. Festejemos el día del Santo de nuestro amigo, con el recuerdo de sus hazañas en la tierra, con el desprecio a sus detractores, y con una lágrima ardiente de ternura y fidelidad, dirigida a su memoria, tan imperecedera ya, como son eternos los laureles conquistados en Ayacucho por los célebres campeones de la libertad de toda la América del Sur, afortunadamente recopilados en aquel glorioso campo, para presenciar los funerales de la dominación española en el continente de Colón. Sucre, a la cabeza de su brillante cortejo de valientes, selló en 9 de diciembre de 1824 la independencia del nuevo mundo, y todos sus camaradas a una voz, proclaman que fue digno de comandarlos, y que perteneciendo su reputación al Ejército Unido Libertador, se halla bajo su égida, fuera del alcance de los tiros venenosos de la envidia y maledicencia. Las glorias de Sucre son el patrimonio del orbe civilizado, y la América se enorgullece al agasajarle por su hijo predilecto.

Conmemoro a usted Doctor, que hoy es el día del aniversario de nuestro amigo. Hace veinticuatro años que llenos de vida, de armonía y regocijo, festejábamos reunidos los tres, este natalicio. El alma de esa fiesta voló a su mansión inmortal, y usted y yo sobrevivimos aún, para dedicarle siquiera un recuerdo de sensibilidad y de afecto.

Disimule, amigo, mi vehemente lenguaje en obsequio a los objetos que en este momento entusiasman mi corazón. Nadie mejor que usted sabe, cuán circunspecto e independiente fue mi manejo con mi malogrado pariente en el apogeo de su existencia; natural y lógico es que en su muerte me constituya el más interesado defensor de su nombre. Invoco para esto el auxilio de usted.

Soy siempre con sumo aprecio, de usted afectísimo amigo, obsecuente servidor Q.B.S.M.

—Domingo de Alcalá.

***

Señor don Domingo de Alcalá.

Lima, junio 20 de 1850.

Estimado amigo mío.

La carta de usted me ha recordado los días felices en que vi al malogrado general Sucre presentarse a los pueblos del Alto Perú, cubierto de los blasones de Ayacucho, y recibiendo de aquellos una aclamación universal por su capacidad, por su moderación y por su valor. Entonces marchaba yo a su lado, y observándole de cerca, hallé que el merecimiento y la justicia le daban al vencedor de Ayacucho, lo que el tiempo no ha podido defraudarle, y lo que la historia ha consignado ya en sus páginas de oro al calificar los hechos, al determinar las virtudes, y al ensalzar el patriotismo de un hombre, que dio gloria a la América y existencia a pueblos esclavizados y oprimidos.

Quien quiera que hubiese tratado al general Sucre, como hombre particular, y como hombre público, habría visto que los homenajes de esa época guardaban exacta proporción, con las calidades del sujeto. Una comprensión rápida y de extensas dimensiones, un juicio recto y severo, y una perspicacia fácil, pronta y penetrante, preparaban su pensamiento, para que produjera útiles combinaciones en beneficio de los pueblos. Una alma noble y generosa, un carácter sagaz y conciliador superaban los obstáculos, y daban un triunfo cierto a sus ideas esforzadas y regeneradoras. Un corazón indulgente y benigno, y la espontánea modestia de sus acciones, le daban esa atracción simpática, con que conquistó para su respeto y para su memoria, las voluntades de millones de personas, que todavía bendicen su nombre.

El general Sucre era un hombre que se había anticipado algunos siglos a la era de nuestra civilización, y no debían ser coetáneas con su existencia, por su candor y buena fe, las maléficas pasiones que cortaron el hilo de sus días y quitaron a la América un prócer de la Independencia y un sostén esclarecido de las doctrinas democráticas y populares.

No crea usted, señor Alcalá, que lo que acabo de decir es efecto de la amistad apasionada que profeso hasta ahora al Gran mariscal de Ayacucho: no señor: mis sentimientos no tienen en ello parte, pero sí mi juicio, que por cierto no puede tacharse, ni de equívoco ni de fascinado. El general Sucre no existe, y no puede lisonjear las esperanzas de nadie: sus hechos se conservan; sus ideas subsisten todavía; la libertad proclama su nombre, y no hay testificación que pueda desvirtuar tanto merecimiento y tanta gloria.

Puede ser que por esto me acusen algunos de exagerado: nada importa esta censura, si yo cumplo en parte con los deberes de la justicia, de la gratitud y de la amistad de que usted fue buen testigo. Resignado de este modo, concluyo mi carta, repitiéndome de usted afectísimo amigo y S.S.Q.B.S.M.

—Miguel del Carpio.

***

Señor doctor don Benito Laso, presidente de la Excma. Corte Suprema de Justicia, etc., etc.

Lima, a 13 de junio de 1850.

Mi muy estimado amigo y señor.

Aun en esta época en que se ha hecho moda entre nosotros la difamación y el sarcasmo, causa escándalo y es de extrañar que al anónimo «Revistador», número 3.268 de *El Comercio* en su «Ojeada», se le haya antojado recordar la memoria del magnánimo Gran mariscal de Ayacucho, para ultrajada y escarnecerla, y ha sido tan desatinado, que precisamente ha escogido el suelo que fue teatro de sus hazañas más remarcables para dar soltura a sus tendencias viperinas. Al decir el «Revistador» que el general Sucre ni fue táctico ni estratégico ni hizo otro papel que el de arengador en Ayacucho, hace a su vez un papel bien bastardo, zahiriendo a mansalva una de las más altas reputaciones americanas, que descansa en el templo de la inmortalidad, figurándose sin duda que los valientes camaradas del bizarro general dejarían pasar sus calumnias desapercibidas, sin maliciar siquiera, que las glorias de Ayacucho son el patrimonio del Ejército Unido Libertador, *in mancomun et in solidum*, y que los trofeos de esa jornada son el más prominente monumento del valor, denuedo y constancia de los soldados de la libertad en América. Es seguro, que no ha habido, ni existe un solo individuo de aquel valeroso Ejército, desde el primer general hasta el último tambor, que no se enorgullezca con la memoria de su airoso Jefe y que al rayar la aurora del aniversario del 9 de diciembre de 1824, no descargue de su leal corazón una lágrima de grato y respetuoso recuerdo, dirigida al nombre del modesto caudillo, que encadenó la fortuna a su brillante estrella, para cubrirse juntos de excelsa fama. La reputación de Sucre pertenece al mundo civilizado, y los veteranos del Ejército Libertador, hermanados con los pueblos agradecidos se hacen el alto honor de colocar las hazañas de su héroe a la sombra de los inmortales laureles conquistados en Ayacucho a costa de su sangre y valentía. Los verdaderos Ayacuchos no hicieron distinción de colores ni de pendones en ese día de gala y de triunfo, en que las balas enemigas se dirigieran pele mele contra los pechos de todos.

Al dirigirme a usted con tan penoso motivo, no ha sido mi ánimo apelar a su testimonio para exaltar el mérito militar del general Sucre; pues afortunadamente existen conmilitones suyos, hidalgos y agradecidos, que sostendrán su incontestable nombradía: yo apelo a usted como patriota ardiente y protagonista en la lucha de la independencia del Perú, y en su calidad de amigo íntimo del célebre mariscal, para que franca e imparcialmente exponga ante sus compatriotas, la opinión que usted se ha formado de aquel egregio americano, ya como político, ya como administrador de los intereses populares, bien en clase de hombre culto, y finalmente bajo las fases buenas o malas que usted crea merezca ser considerado. El ha muerto, y desgraciadamente murió víctima del puñal alevoso asesino de algún Caín colombiano, y menos feliz que César y Napoleón, no tuvo para complemento de su gloria, la dicha de ser el historiador de los grandes hechos de sus compañeros y de su época. Toca pues a los que le sobrevivimos, siquiera el consuelo de guardar su reputación contra las asechanzas, que le asestaran la mentira y la ingratitud. Seamos justos en la tumba con aquel que en vida fue tan consecuente e indulgente con nosotros.

Hoy es cabalmente el día de San Antonio de Padua, natalicio[2] de nuestro lamentado amigo: vivimos todavía nosotros para recordarle con entusiasmo: él, inmortal ya, nos agradece sin duda el sincero y desinteresado recuerdo que tributamos a su ilustre sombra. Descanse en paz y con gloria.

Soy, mi querido doctor, siempre de usted afectísimo amigo, obsecuente servidor Q.B.S.M.

—Domingo de Alcalá.

***

Señor don Domingo de Alcalá.

Lima, junio 15 de 1850.

2 Aunque en el original se menciona esta fecha como la del nacimiento del general Sucre, la verdadera es el 3 de febrero de 1795. (N. del E.)

Apreciado señor y amigo.

Contesto gustoso la estimada de usted, fecha de antes de ayer, en que, haciendo un justo recuerdo mariscal de Ayacucho, exige mi testimonio sobre el juicio que he formado de las virtudes políticas y privadas de ese célebre hijo de nuestro continente.

Antes de todo, y como de paso diré a usted, que no puedo sufrir que se intente despojar al general Sucre de la gloria que le pertenece de ser el verdadero Vencedor de Ayacucho. Tal injusticia, solo puede nacer de un provincialismo o sea nacionalismo llevado hasta un extremo vituperable; y así es, que los hombres que miran las cosas con calma, no pueden dejar de condenar una injuria que se hace al mérito reconocido en el mundo entero.

Por lo demás, habiendo tenido yo el honor de conocer y tratar de cerca al general Sucre a principios del año de 1828 en Bolivia, puedo atestiguar ante el cielo y tierra, que ha sido uno de los pocos hombres en quienes se reúnen la actividad y la energía, con la bondad del trato y finura en las maneras. Apenas se podría encontrar un sujeto más contraído en el despacho de los negocios públicos, ni más inteligente para manejarlos bien; y las bases sobre que fundó el Gobierno de Bolivia, lo manifiestan hasta ahora, como que a pesar de las convulsiones políticas y variaciones de aquella República, todavía se observan ciertas prácticas en su administración, que recuerdan a su fundador.

¿Pero necesita acaso el general Sucre de mi testimonio para conservar ilesos su nombre y su gloria? ¿No son el antiguo y el nuevo mundo los que lo han colocado en el templo de la inmortalidad? ¿No es esa gloria superior a la envidia y a la calumnia de los ingratos? Sin embargo, yo me lisonjeo de que usted haya querido distinguirme entre tantos patriotas, para que sea uno de los que se honren con quemar un grano de incienso en el altar del vencedor de Ayacucho y fundador de Bolivia.

Agradezco a usted esta honra que me hace, y me repito su afecto amigo y servidor Q.B.S.M.

—Benito Laso.

***

Señor don José Ballivian.

Lima, a 13 de junio de 1850.

Mi estimado amigo y señor.

Y a que la adversa fortuna ha condenado a usted a destetrrarse de su cara patria, séame permitido aprovechar esta circunstancia, para que usted se moleste en absolver con severa imparcialidad las cuestiones siguientes, que tienen relación con una época más afortunada, de que disfrutamos juntos.

1.ª ¿Cuál fue el comportamiento público del Gran mariscal de Ayacucho en el período de su administración en Bolivia ya como gobernante civil y político, bien como administrador de los intereses fiscales, ora como centinela del honor y nacionalidad de la República?

2.ª ¿Ha habido en Bolivia, ni ha oído usted que en alguna República de la América del Sur, haya existido un Gobierno más liberal, conciliador, tolerante y progresista, que el del general Sucre, ni que hiciera menos ostentación del poder con que estaba revestido por la Constitución?

3.ª ¿Floreció o no Bolivia a la sombra de la paz, de la seguridad individual, del respeto a la propiedad, de la estricta economía y pureza en el manejo de los caudales públicos, del espíritu de unión y concordia, que el general Sucre supo imprimir a sus subordinados y a los actos de su administración?

4.ª ¿La conducta privada del general Sucre en Bolivia por su suma moderación, desinterés, moralidad, cultura de modales, y su filantropía, le granjeó o no las simpatías de todas las clases de la sociedad sin excepción alguna, que le respetaban y amaban como al Fundador de su patria, digno de presidirla?

5.ª ¿Ha llegado a sus oídos, que en Bolivia se cometiera, a sabiendas, alguna injusticia o persecución por orden del Gran mariscal, ni aun contra aquellos que fueran sus enemigos gratuitos?

Quiero últimamente, que usted, que pertenece a una de las familias más prominentes de Bolivia, y que fue amigo personal del Ilustre Gran capitán de su patria contribuya conmigo, no a desvanecer los errores y mentiras con que los impostores quisieran oscurecer las glorias de nuestro inmortal amigo, sino a consignar los hechos tales cuales pasaron, para que nuestros contemporáneos conozcan que no queremos ser confundidos entre los ingratos, ni podemos consentir en que se aje impunemente la preclara reputación del más culto campeón de la libertad americana.

Soy con la más perfecta estimación de usted, afectísimo amigo, y obediente servidor, Q.B.S.M.

Domingo de Alcalá.

***

Señor don Domingo de Alcalá.

Lima, junio 13 de 1850.

Mi estimado amigo.

Con el mayor placer me apresuro a contestar la apreciable de usted que acabo de recibir; pues me presenta una grata ocasión para recordar la memoria del inmortal Sucre, Gran mariscal de Ayacucho. El solo recuerdo de este espléndido triunfo con que selló nuestra independencia, y nos dio patria y libertad, bastaría para cubrir de gloria al héroe americano; pero sus talentos políticos, civiles y administrativos, lo hacen aun más admirable a los ojos del filósofo y del político. No solo pues cerró las puertas del templo de Jano, sino también dio existencia a una nueva República, cimentándola sobre bases indestructibles, y sistemándola con leyes sabias, liberales y progresistas, cuales se registran en los primeros anales de Bolivia, obra propia suya y exclusiva, como le consta a usted, que en aquella feliz época mereció su amistad y compañía.

Igualmente honrado yo con su amistad, puedo dar un testimonio clásico de su filantropía, desinterés, circunspección y cultura de modales, que le granjearon las simpatías entre todas las clases de la sociedad, que le respetaban y amaban como fundador de su patria y digno por todos los títulos de regirla.

Con respecto a su administración pública, puede usted dirigirse a todos los bolivianos, incluso sus enemigos, si haberlos puede, y todos dirán conmigo: que no han conocido todavía un Gobierno más liberal, conciliador, tolerante y progresivo, ni que haya hecho menos ostentación del poder y prestigio que justamente se merecía.

En el manejo de los intereses fiscales, nada puede decirse por exagerado que parezca, que no sea muy inferior a la verdad; no solo era la pureza personificada, sino que perseguía de muerte cualquiera falta de confianza, allí donde se encontraba. Por prueba de este desinterés, basta decir a usted, que al separarse de Bolivia, tuvo que pedir prestadas unas cuantas onzas para su viaje. ¡Esto es muy notable, y hasta ahora sin ejemplo!

Mucho podría añadir, sin faltar a la verdad y justicia en loor de este ilustre americano; pero sus hechos están ya consignados en la historia y todos sus contemporáneos los conocemos. Sirvan pues estas líneas de holocausto a la tumba del más culto y eminente campeón de la libertad americana en el día de hoy en que recordamos su aniversario.

Quiera usted aceptar los sentimientos de estimación y aprecio, con que se suscribe su afectísimo amigo y S.S.Q.B.S.M.

—José Ballivian.

***

Señor don Domingo de Alcalá.

Lima, junio 24 de 1850.

Señor y amigo.

He recibido la apreciable carta de usted del 14 del presente mes, y la inefable satisfacción que en ella me proporciona de tributar mi homenaje de admiración y amor, de gratitud y justicia, a la memoria inmortal del Gran mariscal de Ayacucho, Fundador de Bolivia, y su primer Presidente Constitucional. En la expresión de estos sentimientos, y de algunos hechos, cuyo conocimiento ha podido facilitarme mi vida pública, aunque en escala subalterna, durante aquella administración, no es mi ánimo, señor Alcalá, ni refutar ni apreciar como injuria ese libre o apasionado pensamiento, inserto en la «Revista» de *El Comercio*. Una ironía, una equivocación, y aun la misma calumnia, es un grito fugaz, una nube pasajera, incapaz de oscurecer el brillo de la gloria que circunda a los varones excelsos como Sucre, y que viven imperturbables en el dominio de la historia y de la fama. Pero cuando ese pensamiento importase una injuria, ésta es útil y benéfica a nuestro propósito, desde que a usted le impone el grato deber de reivindicar el honor y derechos de su tío, y a mí la complacencia de recordar honrosamente al hombre querido de los pueblos, al filósofo guerrero, que marcó una época entre los del mundo civilizado con el complemento de la emancipación americana en Ayacucho.

Ojalá pueda responder de un modo algo circunstanciado a las interrogaciones de usted, en el mismo orden gradual con que me las dirige; pues mi temprana edad no me permitió, sin duda, penetrar entonces en los altos fines y designios de la ilustrada política del general Sucre, para que este informe pudiera ser completo y satisfactorio.

Cuando en el mes de enero de 1825 se encaminaba el general Sucre con una división del Ejército Libertador desde Puno a la ciudad de la Paz, fue todo su conato economizar sangre americana, enviando un parlamento ante el general Olañeta, que con una fuerte columna seguía oprimiendo los pueblos que pisaba. No accediendo éste a las capitulaciones ofrecidas, se condujo hasta Tumuzla, en Potosí, donde fue vencido y muerto por la división Alto-Peruana al mando del coronel Medinaceli. Luego que el general Sucre entró en la ciudad de la Paz, y respetando la libertad de esos pueblos, los primeros en proclamar la independencia, expidió, el 9 de febrero del mismo año, un decreto por el que convocaba una Asamblea deliberante, que reunida en Chuquisaca, deliberase sobre la futura suerte política de las provincias del Alto Perú. En esa Asamblea, donde bajo los auspicios del general Sucre, reinó la más completa libertad del pensamiento y de la palabra, y donde debía resolverse el problema propuesto sobre si tales provincias se incorporarían en la República argentina, en la peruana, o si formarían un Estado independiente, ningún voto favoreció el primer pensamiento, tres diputados sufragaron por la segunda parte, y casi por unanimidad se proclamó la Independencia y soberanía del país, con el nombre de Bolivia, y bajo la dirección de sus Libertadores. Desde los primeros días de su administración discrecional, el general Sucre confió la elección de todos los empleados a juntas calificadoras de vecinos, conciliando así el buen servicio público con el contento de los pueblos y los principios de la democracia. Regularizar la Hacienda pública, abandonada a los abusos y depredaciones del sistema colonial; organizar la Administración de justicia, y multiplicar sus funcionarios en todas las provincias del Estado, ya que por tener y conseguir justicia, se había combatido en cien campos de batalla; instituir escuelas primarias y colegios de instrucción en todos los departamentos, cuando no existían otros que los de Chuquisaca; garantizar con disposiciones tutelares los derechos y deberes de esa compasible raza indigenal, cautiva de la conquista, y víctima de la guerra de quince años; pacificar el departamento de Santa Cruz, aún sojuzgado por el feroz Aguilera, conservar y defender las fronteras confinantes con el Brasil y algunas tribus bárbaras; reconciliar a los habitantes entre sí, y hacerles deponer esos crueles rencores que había fomentado la guerra de la revolución para formar una Patria y ejercer un Gobierno Nacional; fueron los actos más notables de esa administración, que con virtud, lealtad y constancia, estableció los fundamentos de la nacionalidad boliviana.

Tuve el honor de ser uno de los diputados del Congreso Constituyente reunido en 25 de mayo de 1826, ante el cual, el general Sucre depuso el mando supremo del que fue otra vez encargado provisionalmente; de ese Congreso, modelo, en los fastos parlamentarios de Bolivia, por la absoluta libertad de los legisladores, que garantizaba y aun fomentaba esa administración filosófica; por la magnitud y trascendencia de grandes y útiles reformas sociales, por su larga duración noblemente sostenida, por la dignidad, la elocuencia y el patriotismo de sus miembros: de ese Congreso en que un docto Ministerio inició proyectos sobre crédito público y bancos, sobre organización del Ejército, creación del Instituto Nacional, codificación y alianzas con las repúblicas de Colombia y del Perú, y donde ese mismo Ministerio, no obtenía la palma del triunfo, sino por los esfuerzos de la oratoria o por la utilidad conspicua de sus indicaciones; de ese Congreso, en que el proyecto de Constitución, presentado por el Libertador, fue libremente debatido y reformado, a pesar de los deseos e instrucciones del Padre de la Patria por la íntegra adopción de su pensamiento, y donde el artículo sobre presidencia vitalicia fue ardientemente discutido en cuatro largas sesiones, y aprobado solemnemente con seis u ocho votos en contra, sin embargo de que podía afectar personalmente las susceptibilidades del Gran mariscal de Ayacucho, ya invocado por los pueblos para ser el Presidente Constitucional, como llegó a serlo por el sufragio uniforme de todas las Juntas Electorales; de ese Congreso, últimamente, ante quien el modesto Sucre, no quiso aceptar el mando supremo, después de mutuas y repetidas interpelaciones, sino con la condición de ser admitida su renuncia por el primer Congreso Constitucional. Tal fue la libertad del Constituyente, que un cuerpo legislativo posterior, deseando colocar dignamente el busto del Gran mariscal en la sala de sus sesiones, acordó situarle sobre la tribuna de los oradores, para recordar al «Fundador y Protector de la tribuna Boliviana».

Con motivo de satisfacer a los puntos 3.º, 4.º y 5.º de la carta de usted sobre la conducta administrativa del Gran mariscal, recuerdo que entre otras razones justificativas de la renuncia de la magistratura vitalicia, adujo estas palabras: «como puro soldado, me creo sin aptitudes para gobernar... mi corazón y mi sangre corresponden a Colombia». A pesar, pues, de esta franca y modesta confesión, él fue quien, en los momentos de la delicada reorganización del país, evitó sagaz y diestramente una ruptura nacional con el Imperio del Brasil y la República Argentina, por causas que no es oportuno referir: él hizo amables «libertad, orden y patria», con el ejemplo de su veneración santa a las leyes, con el respeto a los hombres y a sus derechos. Para lograr el acierto en la distribución de los destinos públicos, rogó al Congreso Constituyente le permitiese emplear a sus miembros, como a los más beneméritos, desde que habían obtenido la confianza de su pueblo respectivo para constituir la Nación. Durante su administración de más de dos años, la Hacienda pública duplicó sus rentas, mediante una severa economía, y sin el mayor gravamen de los bolivianos; arregló el mejor servicio y dotación de las catedrales y del culto, y los párrocos hubieran sido asistidos por el Fisco con supresión de diezmos y aranceles opresivos, si las preocupaciones no le hubieran opuesto un valladar invencible que amenazaba con la revolución: idólatra de la independencia del Poder Judicial, no intervino en las sentencias de los Tribunales, sino para salvar del cadalso víctimas condenadas por la ley, en uso de sus atribuciones de clemencia, siendo cierto lo que dijo en su último Mensaje: «Ninguna viuda, ningún huérfano solloza por mi causa». Habitando sin guardias apostadas en su Palacio, y expuesto alguna vez al puñal del asesino, paseando y visitando francamente con un Edecán, o con un amigo, sin el menor aparato del Poder, era un republicano, un demócrata por excelencia de modernas virtudes cívicas, entonces desconocidas o amargamente censuradas por las fuertes impresiones de la educación colonial; sorprendiendo en cualquiera hora del día los colegios, escuelas, hospitales y otros establecimientos públicos para informarse de su estado y servicio. A cada instante ofrecía el Gran mariscal el tierno y sublime espectáculo de un padre cariñoso y diligente en el seno de su familia. Su sangre pudo corresponder a Colombia; pero su corazón estaba asiduamente consagrado al bien y ventura de los bolivianos.

Su profundo y casi fanático acatamiento a las instituciones, a las garantías públicas y privadas, le retrajo de sofocar oportunamente esa conjuración revolucionaria que estalló en Chuquisaca en 18 de abril de 1828; y que lo expuso a morir; pero la misión del vencedor de Ayacucho era el apostolado de la Libertad; y debió ser un mártir inmolado en las aras de esa misma libertad, de la que había sido su apasionado paladín en los campos de la gloria, y su gran sacerdote en la patria del nombre de Bolívar.

Cuál haya sido su decisión y entusiasmo por la existencia política de Bolivia, solemnemente lo testifican algunos artículos del Convenio de Jirón, celebrado en 1829, y el vehemente ruego que en su último Mensaje de 1828 dirigió al Congreso de Chuquisaca, exponiendo que si alguna recompensa «merecían sus servicios, no se destruyese la obra de su creación, y se conservase por entre todos los peligros la independencia de la República».

La memoria de Sucre en Bolivia, es una pasión nacional, e infunde un sentimiento casi religioso. El estadista, el legislador, el magistrado, el guerrero, evocan su nombre y sus hechos, o creyendo encontrar el acierto en sus deliberaciones, o queriendo exhibir para la imitación virtudes de honor, justicia y patriotismo. No era una ley de orgullo y lujo nacional la dictada por el deseo de trasladar sus restos mortales a la tierra que libertó con su espada, fundó y organizó con su capacidad eminentemente filosófica, sino que fue inspirada por un hondo sentimiento de gratitud y de tierna predilección a Sucre, cuyo nombre embellece e inmortaliza la ciudad capital de Bolivia.

Me interroga usted finalmente, sobre algunas circunstancias especiales del comportamiento público y social del general Sucre, y debo asegurarle por mis observaciones fijadas prolijamente sobre el hombre que había llenado el mundo con su fama, que era franco, modesto y afable en el trato familiar; laborioso en el gabinete, exacto en el raciocinio, elocuente en la palabra; su educación y finas maneras sociales correspondían a la edad caballerosa de los Boyardos.

Si estos informes aún no bastasen a satisfacer la virtuosa inquietud de usted, por honrar el nombre de su tío ilustre, me permito enviarle para completarlos, una memoria que había trabajado en su obsequio, y publicádola en uno de los periódicos de la Paz de Ayacucho el día 13 de junio de 1846.

Aprovecho esta ocasión para repetir a usted los sentimientos de singular estimación, con que me suscribo de usted buen amigo y atento S.S.

José Manuel Losa, Encargado de Negocios de Bolivia cerca del Gobierno del Perú.

***

Rara vez podrá presentarse una documentación más clara y triunfante que la precedente. Grandes mariscales, generales y coroneles, los jefes hoy más distinguidos del Ejército del Perú, que en la flor de su juventud, en esa dichosa edad de ilusiones y de entusiasmo, acompañaron al general Sucre en la campaña de Ayacucho, sienten orgullo y satisfacción, en testificar al cabo de los veintiséis años, que el glorioso timbre de Gran mariscal de Ayacucho, pertenece al general en Jefe del Ejército Unido Libertador don Antonio José de Sucre, quien supo conquistarlo con su cabeza y corazón en 9 de diciembre de 1824.

El Consejero de Estado doctor Carpio, fogoso atleta de la libertad americana, el Presidente de la Excma. Corte Suprema doctor Laso, eminente por su pronunciado patriotismo, dan testimonio de las virtudes y extensas capacidades del Héroe de Ayacucho. Los señores Ballivian y Losa, dos notabilidades bolivianas que se hallan aquí accidentalmente, con gratitud e hidalguía se han apresurado a sostener la merecida fama del Fundador de su Patria, haciendo justicia a su mérito, consignando los hechos históricos que afianzan el apoteosis de Sucre en la República Boliviana. Es cosa bien singular, que ningún historiador, ni americano ni europeo, haya hasta ahora podido poner un solo tilde al carácter público y privado del Gran mariscal de Ayacucho; lo que ciertamente prueba que fue buen Magistrado y mejor ciudadano.

Cuidadosamente he evitado el ocurrir al testimonio de ninguno de los compatriotas del Ilustre capitán que existen en Lima; pero me atrevo a tomar sobre mi responsabilidad el decir, que Venezuela, Nueva Granada y Ecuador, a porfía lloran su pérdida, y reclaman por suyas las glorias del modesto caudillo colombiano, a quien puede aplicarse el mote del célebre Bayard, *Le chevalier sans peur ets sans tache*. La heroica Colombia, indignada de sobrevivir a su tan envidiable campeón, murió con Sucre: el Libertador de la América del Sur, cuya alma diamantina resistió todos los embates de la revolución, imitando a César al verse herido por el puñal de Bruto, dejó caer amilanada su altiva cabeza, al saber el alevoso asesinato de su teniente favorito, y sucumbió a los rigores de tan duro pesar, de tan insigne ingratitud. Las virtudes de Sucre fueron sepultadas junto con los grandes hechos de su patria.

En conclusión, manifestaré el profundo reconocimiento que tributo a los señores que se han dignado corresponderme con su importante testimonio, con el cual he logrado fijar irrevocablemente un hecho remarcable en la historia de la América del Sur; y a la vez, me ha proporcionado el placer de advertir a nuestros compatriotas, que si el Gran mariscal de Ayacucho fue excelso por sus hazañas militares, fue notoriamente mucho más grande por sus virtudes cívicas, por sus talentos administrativos; y es ciertamente inmortal por haber sido siempre fiel a la Libertad y a la causa de los pueblos. Republicano por temperamento, y demócrata por principios, la América y las instituciones liberales eran el ídolo de su corazón —formaron su culto.

Soy, Señores Editores, con la más alta consideración de ustedes muy obsecuente y atento servidor Q.B.S.M.

—Domingo de Alcalá.

Notas

1.º El Libertador, cuyo tacto y ojo eran remarcables, escogió a Sucre a la edad de veintiocho años, siendo solamente general de Brigada, para mandar en Jefe el Ejército vencedor en Pichincha y después en Ayacucho, entre los capitanes generales, el bravo Páez, el impetuoso Bermúdez, el brillante Rafael Urdaneta, el astuto Arismendi, el gallardo Mariño, y los generales de división, el discreto Soublette, el bizarro Montilla, el culto Santander, el constante Salom, el osado Valdés, el valiente Monagas, y otros aguerridos hijos de Colombia. ¿No prueba esto la alta idea que tuviera Bolívar de Sucre?

2.º Si no me equivoco, el Comandante don Ramón Castilla, hoy Gran mariscal y Presidente de la República peruana, presenció la batalla de Junín con la Infantería del Ejército; y en la jornada de Ayacucho, siendo Ayudante del Estado mayor general, se comportó lúcidamente, sacando una herida de bala, que forma su más bello título de honor y valentía. Ex profeso, he dejado de ocurrir al testimonio de este jefe, que ciertamente es de excepción, para que pueda el «Revistador», en caso de duda, referirse a tan alta evidencia, para el esclarecimiento de los hechos aducidos.

Parte oficial de la jornada de Ayacucho Ejército unido libertador. Cuartel general en Ayacucho, a 11 de diciembre de 1824

Al señor Ministro de la Guerra.

Señor Ministro.

Las tres divisiones del ejército quedaron desde el 14 al 19 de noviembre situadas en Talavera, San Gerónimo y Andaguailas, mientras los enemigos continuaban sus movimientos sobre nuestra derecha. Por la noche del 18, supe que el mayor número de los cuerpos enemigos se dirigía a Huamanga, y dispuse que el Ejército marchase para buscarlos. El 19, nuestras partidas se batieron en el puente de Pampas con un cuerpo enemigo, y el 20 al llegar a Uripa, se divisaron tropas españolas en las alturas de Bombón. Una compañía de Húsares de Colombia, y la primera de Rifles con el señor coronel Silva, se destinaron a reconocer estas fuerzas, que constando de tres compañías de cazadores, fueron desalojadas, y obligadas a repasar el río de Pampas, donde se encontró a todo el ejército real, que había cortado perfecta y completamente nuestras comunicaciones, situándose a la espalda.

Siendo difícil pasar el río, e imposible forzar las posiciones enemigas, nuestro ejército quedó en Uripa, y los españoles en Concepción, estando a la vista. El 21, 22 y 23 el encuentro de las descubiertas nos fue siempre ventajoso. El 24 los enemigos levantaron su campo en marcha hacia Vilcas, Huamán y nuestro ejército vino a situarse sobre las alturas de Bombón hasta el 30 que sabiéndose que los enemigos venían por la noche a la derecha de Pampas por Uchubambas a flanquear nuestras posiciones, me trasladé a la izquierda del río para cubrir nuestra retaguardia.

Los españoles, al sentir este movimiento, repasaron rápidamente la izquierda del Pampas; pero nuestros cuerpos acababan de llegar a Matará en la mañana del 2 cuando el ejército español se avistó sobre las alturas. Aunque nuestra posición era mala, presentamos la batalla; pero, fue excusada por el enemigo, situándose en unas breñas no solo inatacables sino inaccesibles: el 3 el enemigo hizo un movimiento indicando el combate, y se le presentó la batalla, pero dirigiéndose sobre las inmensas alturas de la derecha, amenazaba tomar nuestra retaguardia. Antes había sido indiferente al ejército dejar al enemigo nuestra espalda; pero la posición de Matará, después de ser mala, carecía de recursos, y era por tanto necesario seguir la retirada a Tambo Cangalla. Nuestra marcha se rompió muy oportunamente para salvar la difícil quebrada de Corpaguaico antes que llegase el cuerpo del ejército enemigo; mas éste había adelantado desde muy de mañana y encubiertamente cinco batallones, y cuatro escuadrones a ponerse en este paso impenetrable. Nuestra infantería de vanguardia con el señor general Córdova, y la del centro con el señor general Lamar habían pasado la quebrada, cuando esta fuerza enemiga cayó bruscamente sobre los batallones Vargas, Vencedor y Rifles, que cubrían la retaguardia con el señor general Lara; pero los dos primeros pudieron cargarse a la derecha sirviéndose de sus armas para abrirse paso, y Rifles en una posición tan desventajosa tuvo que sufrir los fuegos de la artillería, y el choque de todas las fuerzas: mas, desplegando la serenidad, e intrepidez que ha distinguido siempre a este cuerpo, pudo salvarse. Nuestra caballería bajo el señor general Miller pasó por Chonta protegida por los fuegos de Vargas, aunque siempre muy molestada por la infantería enemiga. Este desgraciado encuentro costó al Ejército Libertador más de 300 hombres, todo nuestro parque

que fue enteramente perdido, y una de nuestras dos piezas de artillería; pero él es el que ha valido al Perú su libertad.

El 4, los enemigos engreídos de su ventaja destacaron cinco batallones y seis escuadrones por las alturas de la izquierda a descabezar la quebrada, mostrando querer combatir: la barranca de la quebrada de Corpaguaico permitía una fuerte defensa; pero el ejército deseaba a cualquier riesgo aventurar la batalla. Abandonándoles la barranca, me situé en medio de la gran llanura de Tambo Cangalla. Los españoles al subir la barranca, marcharon velozmente a los cerros enormes de nuestra derecha, evitando todo encuentro, y esta operación fue un testimonio evidente de que ellos querían maniobrar y no combatir: este sistema era el único que yo temía, porque los españoles se servían de él con ventaja, conociendo que el valor de sus tropas estaba en los pies, mientras el de las nuestras se hallaba en el corazón.

Creí pues necesario, obrar sobre esta persuasión, y en la noche del 4 marchó el ejército al pueblo de Guaichao, pasando la quebrada de Acoero, y cambiando así nuestra dirección. El 5 en la tarde se continuó la marcha a Aco Vinchos, y los enemigos a Tambillo, hallándonos siempre a la vista. El 6 estuvimos en el pueblo de Quinua; los españoles por una fuerte marcha a la izquierda, se colocaron a nuestra espalda en las formidables alturas de Pacaicasa: ellos siguieron el 7 por la impenetrable quebrada de Huamanguilla, y al día siguiente, a los elevados cerros de nuestra derecha, mientras nosotros estábamos en reposo; el 8 en la tarde quedaron situados en las alturas del Cundurcunca a tiro de cañón de nuestro campo; algunas guerrillas que bajaron, se batieron esa tarde y la artillería usó sus fuegos.

La aurora del día 9 vio estos dos ejércitos disponerse para decidir los destinos de una nación. Nuestra línea formaba un ángulo, la derecha, compuesta de los batallones Bogotá, Voltigeros, Pichincha y Caracas, al mando del señor general Córdova: la izquierda de los batallones 1.°, 2.°, 3.° y Legión Peruana, bajo el ilustrísimo señor general Lamar; al centro los granaderos y húsares de Colombia con el señor general Miller; y en reserva, los batallones Rifles, Vencedor y Vargas, al mando del señor general Lara. Al reconocer los cuerpos, recordando a cada uno sus triunfos, sus glorias, su honor y patria, los vivas al Libertador, y a la república resonaban por todas partes. Jamás el entusiasmo se mostró con más orgullo en la frente de los guerreros. Los españoles a su vez, dominando perfectamente la pequeña llanura de Ayacucho, y con fuerzas casi dobles, creían cierta su victoria. Nuestra posición, aunque dominada, tenía seguros sus flancos por unas barrancas, y por su frente, no podía obrar la caballería enemiga de un modo uniforme y completo. La mayor parte de la mañana, fue empleada solo con fuego de artillería, y de los cazadores: a las diez del día, los enemigos situaban al pie de la altura cinco piezas de batalla, arreglando también sus masas, al tiempo que estaba yo revisando la línea de nuestros tiradores. Di a éstos la orden de forzar la posición en que colocaban la artillería,. y fue ya la señal del combate.

Los españoles bajaron velozmente sus columnas, pasando a las quebradas de nuestra izquierda los batallones Cantabria, Centro, Castro, 1.° Imperial, y dos escuadrones de Húsares, con una batería de seis piezas, forzando demasiadamente su ataque por esa parte. Sobre el centro, formaban los batallones Burgos, Infante, Victoria, Guías y 2.° del primer regimiento, apoyando la izquierda de éste, con los tres escuadrones de la Unión: el de San Carlos, los cuatro de los granaderos de la guardia, y las cinco piezas de artillería ya situadas, y en la altura de nuestra izquierda, los batallones

1.° y 2.° de Gerona, 2.° Imperial, 1.° del primer regimiento, el de Fernandinos, y el escuadrón de alabarderos del Virrey.

Observando que aún las masas del centro no estaban en orden, y que el ataque de la izquierda se hallaba demasiado comprometido, mandé al señor general Córdova que lo cargase rápidamente con sus columnas, protegido por la caballería del señor general Miller, reforzando a un tiempo al señor general Lamar con el batallón Vencedor, y sucesivamente con Vargas. Rifles quedaba en reserva para rehacer el combate donde fuera menester, y el señor general Lara recorría sus cuerpos en todas partes. Nuestra masa de la derecha, marchó arma a discreción, hasta cien pasos de las columnas enemigas, en que, cargadas por ocho escuadrones españoles, rompieron el fuego: rechazarlos y despedazarlos con nuestra soberbia caballería, fue un momento. La infantería continuó inalterablemente su carga, y todo plegó a su frente.

Entre tanto, los enemigos, penetrando por nuestra izquierda, amenazaban la derecha del señor general Lamar, y se interponían entre éste y el señor general Córdova, con dos batallones en masa; pero llegando en oportunidad Vargas al frente, y ejecutando bizarramente los Húsares de Junín la orden de cargar por los flancos de estos batallones, quedaron disueltos. Vencedor y los batallones 1.°, 2.°, 3.° y Legión Peruana, marcharon audazmente sobre los otros cuerpos de la derecha enemiga, que reuniéndose tras las barrancas, presentaban nuevas resistencias; pero reunidas las fuerzas de nuestra izquierda, y precipitadas a la carga, la derrota fue completa y absoluta.

El señor general Córdova, trepada con sus cuerpos la formidable altura de Cundurcunca, donde se tomó prisionero al virrey Laserna: el señor general Lamar salvaba en la persecución las difíciles quebradas de su flanco, y el señor general Lara, marchando por el centro, aseguraba el suceso. Los cuerpos del señor general Córdova, fatigados del ataque, tuvieron la orden de retirarse, y fue sucedido por el señor general Lara, que debía reunirse en la persecución al señor general Lamar en los altos de Tambo. Nuestros despojos eran ya más de mil prisioneros, entre ellos 60 jefes y oficiales, 14 piezas de artillería, 2.500 fusiles, muchos otros artículos de guerra, y perseguidos y cortados los enemigos en todas direcciones; cuando el general Canterac, Comandante en Jefe del Ejército Español, acompañado del general Lamar, se me presentó a pedir una capitulación. Aunque la posición del enemigo podía reducirlo a una entrega discrecional, creí digno de la generosidad americana, conceder algunos honores a los rendidos que vencieron catorce años en el Perú, y la estipulación fue ajustada sobre el campo de batalla en los términos que verá usted por el tratado adjunto: por él se han entregado todos los restos del ejército español, todo el territorio del Perú ocupado por sus armas, todas las guarniciones, los parques, almacenes militares, y la plaza de El Callao con sus existencias.

Se hallan por consecuencia en este momento en poder del Ejército Libertador, los tenientes generales Laserna y Canterac, los mariscales Valdés, Carratalá, Monet y Villalobos, los generales de brigada Bedoya, Ferraz, Camba, Somocursio, Cacho, Atero, Landazuri, Vijil, Pardo y Tur, con 16 coroneles, 68 tenientes coroneles, 484 mayores y oficiales; más de 2.000 prisioneros de tropa: inmensa cantidad de fusiles, todas las cajas de guerra, municiones, y cuantos elementos militares poseían; 1.800 cadáveres, y 700 heridos, han sido en la batalla de Ayacucho, las víctimas de la obstinación, y de la temeridad española. Nuestra pérdida es de 370 muertos y 609 heridos, entre los primeros, el mayor Duxbury de

Rifles, el capitán Urquiola de Húsares de Colombia, los tenientes Oliva, de Granaderos de Colombia, Colmenares y Ramírez de Rifles, Bonilla de Bogotá, Sevilla de Vencedor, y Prieto y Ramonet de Pichincha: entre los segundos, el bravo coronel Silva de Húsares de Colombia, que recibió tres lanzazos cargando con extraordinaria audacia a la cabeza de su regimiento: el coronel Luque que al frente del batallón Vencedor, entró a las filas españolas, el Comandante León del batallón Caracas, que con su cuerpo marchó sobre una batería enemiga: el Comandante Blanco del 2.° de Húsares de Junín, que se distinguió particularmente: el señor coronel Leal, contuso, que a la cabeza de Pichincha, no solo resistió las columnas de caballería enemiga, sino que las cargó con su cuerpo, el mayor Torres de Voltijeros, y el mayor Sornosa de Bogotá, cuyos batallones conducidos por sus comandantes Guas y Galindo, trabajaron con extraordinaria audacia: los capitanes Giménez, Coquis, Dorronsoro, Brown, Gil, Córdova y Ureña: los tenientes, Infante, Silva, Suárez, Vallarino, Otarola, French: los subtenientes, Galindo, Chabur, Rodríguez, Malavé, Jeral, Pérez, Calles Marquina, y Paredes de la 2 a división de Colombia: los capitanes Landaeta, Troyano, Alcalá, Dorronsoro, Granados y Miró: los tenientes, Pazaja y Ariscum, y el Subteniente Sabino de la 1 a división de Colombia: los tenientes, Otarola, Suárez, Ornas, Posadas, Miranda y Montoya: los subtenientes, Isa y Alvarado de la división del Perú: los tenientes coroneles, Castilla y Jerardino, y tenientes Moreno, Piedrahita del E. M. Estos oficiales son muy dignos de una distinción singular.

El batallón Vargas, conducido por su denodado Comandante Morán, ha trabajado bizarramente; la Legión Peruana con su coronel Plaza, sostuvo con gallardía su reputación: los batallones 2.° y 3.° del Perú con sus comandantes González y Benavides, mantuvieron firmes sus puestos contra bruscos ataques: los cazadores del número 1.°, se singularizaron en la pelea, mientras el cuerpo estaba en reserva. Los Húsares de Junín, conducidos por su Comandante Suárez, recordaron su nombre para brillar con un valor especial; los Granaderos de Colombia, destrozaron en una carga el famoso regimiento de la Guardia del Virrey. El batallón Rifles no entró en combate: escogido para reparar cualquiera desgracia, recorría los lugares más urgentes, y su coronel Sandez los invitaba a vengar la traición con que fue atacado en Corpaguaico. Todos los cuerpos en fin, han llenado su deber cuanto podía desearse.

Con satisfacción cumplo el agradable deber de recomendar a la consideración del Libertador, a la gratitud del Perú, y al respeto de todos los valientes de la tierra, la serenidad con que el señor general Lamar ha rechazado todos los ataques a su flanco y aprovechado el instante de decidir la derrota: la bravura con que el señor general Córdova condujo sus cuerpos, y desbarató en un momento el centro y la izquierda enemiga: la infatigable actividad con que el señor general Lara atendía con su reserva a todas partes, y la vigilancia y oportunidad del señor general Miller para las cargas de la caballería.

Como el ejército todo ha combatido con una resolución igual al peso de los intereses que tenía a su cargo, es difícil hacer una relación de los que más han brillado: pero he prevenido al señor general Gamarra, jefe de E. M. J., que pase a usted originales las noticias enviadas por los cuerpos. Ninguna recomendación es bastante para significar el mérito de estos bravos.

Según los estados tomados al enemigo, su fuerza disponible en esta jornada, era de 9.310 hombres, mientras el Ejército Libertador formaba 5.780. Los españoles no han sabido qué admirar más, si la intrepidez de nuestras tropas en la batalla, o la sangre fría, la constancia, el orden, y el entusiasmo en la retirada, desde las inmediaciones del Cuzco hasta Huamanga, al frente siempre del enemigo, corriendo una extensión de 80 leguas, y presentando frecuentes combates.

La campaña del Perú está terminada: su independencia y la paz de América se han firmado en este campo de batalla. El Ejército Unido cree que sus trofeos en la victoria de Ayacucho, sean una oferta digna de la aceptación del Libertador de Colombia.

Dios guarde a usted

—Antonio José de Sucre.

Parte de la batalla de Ayacucho

Número de combatientes

3.ª Colombianos	4.500
Peruanos	1.200
Argentinos	80
Son	5.780
Muertos	
Colombianos:	
Jefes y oficiales	9
Heridos	
Peruanos:	
Jefes y oficiales	10
Colombianos:	40

(Extracto de las *Memorias* de Miller páginas 177-178, tomo 2.º)

4.ª El amigo más apasionado del general Lamar no podría hacer un elogio más distinguido de su comportamiento, y me consta que el sagaz general Sucre tenía interés y empeño en realzar las cualidades de su compatriota el general Lamar, aparte de su mérito personal, por atención a la escarapela peruana que investía, convencido que más tarde este jefe sería llamado a figurar en el Perú. Sucre era algo mezquino para aplaudir a sus compatriotas que llevaban su propia cucarda; pues habla sencillamente del comportamiento del gallardo general Córdova en Ayacucho, quien según el general Miller «mereció la admiración general en ese día»; no porque Sucre aplaudiera menos que otro la conducta de Córdova, a quien quería en extremo, sino porque era avaro en sus elogios para los que cumplían con los deberes de su puesto.

5.ª Nadie en Lima ignora el pasaje del año de 1827 sucedido en Palacio en la inauguración del general Lamar en la Presidencia constitucional de la República. Don Manuel Lorenzo Vidaurre, Presidente entonces de la Corte Suprema, al arengar a S.E. dejóse llevar por ese vehemente ardor, tan característico en Vidaurre, como le fuera su genial inconstancia, y le saludó como vencedor de Ayacucho. El ciertamente modesto Lamar se enardeció a su vez, y al contestar, dijo poco más o menos: «Yo no soy el vencedor de Ayacucho; este título pertenece al Gran mariscal don Antonio José de Sucre, cuyas órdenes me cupo la honra de cumplir en esa gloriosa batalla. El general Sucre es el verdadero vencedor de Ayacucho». Este es el lenguaje de un valiente, de un hombre de honor.

6.ª No siendo mi objeto otro que el de defender la reputación del Gran mariscal de Ayacucho, sin intentar por esto desfigurar la que en justicia pueda corresponder en la historia a los demás próceres de nuestra independencia, omito entrar en comparaciones, que no son del caso. Si alguien de aquellos que no conocieron personalmente a los ilustres Lamar y Sucre quisiera comparar las capacidades militares y cívicas respectivas de estos célebres colombianos, puede consultar los documentos históricos, consignados en la vida pública del Libertador en el tomo 16 referentes a la campaña de Tarqui en 1829 contra Colombia, en que Sucre figuró en clase de general en Jefe del Ejército Colombiano, vencedor en esa campaña, y Lamar como general en Jefe del Ejército Peruano.

—Alcalá.

Pruebas

Que manifiestan la capacidad y la suma moderación del Gran mariscal de Ayacucho

***

Carta del general Sucre al general Miller

Señor general Miller.

Hoy 27, mi querido general. Anoche me han entregado una carta de usted estando en cama, y no la respondí en el acto, porque pensé hacerlo hoy de mi letra; mas sigo indispuesto. Usted me pone en un conflicto, entre el sentimiento y la vergüenza, al remitirme la preciosa alhaja que me ha enviado; pues este regalo habiéndole sido hecho por su familia, según usted me dijo, no parece justo que pase a otras manos. Querría suplicar a usted que me permitiese devolverla.

Ciertamente me será muy grato conservar una memoria de usted después de su viaje a Inglaterra; y aunque la amistad es bastante, porque siempre conservaré recuerdos muy agradables de usted, manifestaré que no es mi objeto rehusar un regalo, y que en lugar de la alhaja en cuestión, aceptaría la espada que ha servido a usted con tanto honor en nuestros campos de batalla, y que merece el respeto de todos los americanos: siempre la contemplaría como perteneciente a un hombre generoso, que cubierto de cicatrices en la lucha de la Independencia Americana, vuelve a su patria dejando en el Nuevo Mundo amigos y admiradores.

Entre ellos se cuenta con satisfacción su obediente servidor, afectísimo compañero.

—Sucre.

(*Memorias* de Miller, página 449 tomo 2.º)

***

Extracto de un Oficio del general Sucre, etc., en La vida pública del Libertador, páginas 251 y 252.

Tengo la honra de enviar a S.E. el Vicepresidente, en nombre del ejército, cinco banderas de los más veteranos regimientos españoles que esclavizaron al Perú por catorce años de triunfos: ellas son las señales de obediencia y estimación que el ejército le ofrece, y que ruego se digne aceptar. El estandarte con que Pizarra entró trescientos años pasados a esta ilustre capital de los incas lo remito a S.E. el Libertador, como trofeo que corresponde al guerrero que marcó al ejército colombiano el camino de la gloria y el de la libertad del Perú.

El Congreso Peruano concluyó sus sesiones el 10 de marzo dejando en el Libertador todas las facultades necesarias para consolidar el gobierno.

***

Extracto del Decreto Dictatorial dado en Lima a 27 de diciembre de 1824.

> Artículo 10.º Se nombra al general en Jefe Antonio José de Sucre Gran mariscal, con el sobrenombre de general Libertador del Perú.

El general Sucre en vida nunca hizo uso de este título de honor.

***

Ley del Congreso Peruano en Lima a 12 de febrero de 1825.

Artículo 7.° Será reconocido en adelante el general en Jefe del Ejército Unido Antonio José de Sucre, con el dictado de Gran mariscal de Ayacucho por la memorable victoria obtenida en los campos de este nombre

—José María Galdiano, Presidente.

—Joaquín Arrese.

—Manuel Ferreyros, Diputados Secretarios.

***

Comunicación del Secretario general al de Relaciones Exteriores de la República, participando los sucesos del Perú y la gratitud de este Estado. (*Vida pública*, págs. 173 y 174.)

Lima, enero 6 de 1825.

Al anunciar al Señor Secretario de Relaciones Exteriores de la República de Colombia la victoria del Ejército Unido Libertador en los campos de Ayacucho al mando del señor general en Jefe Antonio José de Sucre, y bajo la dirección de S.E. el Libertador encargado del poder dictatorial de esta República, no acierta el infraescrito con el lenguaje que debiera usar en esta nota.

La República de Colombia ha sido la redentora del Perú, cuya sola consideración es bastante para que el señor secretario pueda calcular la inmensa deuda de reconocimiento que hoy pesa sobre estos pueblos. Los bravos de Colombia han concluido en menos de cinco meses la guerra de este país, y sellando con su preciosa sangre la libertad del antiguo imperio de los incas, han puesto término a las inmensas privaciones y a los dolorosos sacrificios de que se veía agitado: ellos en fin, a la voz del padre de Colombia, han fijado los destinos del Perú, incorporándolo en el gran rol de las nuevas naciones que van a emular al mundo antiguo.

El que suscribe se considera feliz en congratular, y al mismo tiempo en tributar gracias en nombre de su Gobierno, a la gloriosa nación colombiana, por una jornada la más célebre en la historia militar de América, la más grata para la patria de los héroes que la han hecho, y la más obligante y vital para el Perú, quien sobre los estrechos lazos que hasta hoy le han unido con Colombia, reconocerá en ella el origen de su representación social.

Los detalles y consecuencias de este triunfo están consignados en los impresos que acompañan a esta nota. Y su señoría, el señor secretario, se servirá aceptar los sentimientos de felicitación y aprecio que en ella cordialmente emite.

Su muy atento, obediente servidor.

—José Sánchez Carrión.

***

Ministerio de Estado en el Departamento de Gobierno y Relaciones Exteriores-Palacio del Gobierno en Lima y octubre 29 de 1825. 6.°

Al Excmo. señor Gran mariscal de Ayacucho Antonio José de Sucre.

Excmo. Señor.

Tengo la honra de incluir a V.E. el Diploma que S.E. el Consejo de Gobierno se ha servido expedir, ofreciéndole una medalla de oro con el busto de S.E. el Libertador, que a consecuencia del decreto del Soberano Congreso de 12 de febrero del presente año, y de las facultades resignadas en el Gobierno, se ha abierto. V.E. tendrá la bondad de aceptar, a nombre de la República Peruana, este pequeño testimonio de la gratitud y reconocimiento que le merecen los heroicos e inmortales servicios que le ha prestado, dándole en los afortunados campos de Ayacucho su Independencia y Libertad. Me es muy satisfactorio ofrecer a V.E. con este motivo la más distinguida consideración con que me suscribo su muy atento, obediente servidor.

—Hipólito Unanue.

***

Comunicaciones del Libertador al Gran mariscal de Ayacucho Presidente de Bolivia.

Caracas, 6 de abril de 1827.

Señor.

El pueblo boliviano os ha nombrado su primer magistrado; erais digno de este ilustre testimonio de gratitud nacional. El Congreso de esa República me insta con encarecimiento para que os ruegue aceptéis la Presidencia del Estado conforme a la Constitución. Si yo os amase más que a Bolivia, os aconsejara alejaros de los crueles suplicios a que condena el ejercicio del Poder Supremo; mas no, Bolivia es para vos, como para mí, nuestra hija predilecta: Junín y Ayacucho la engendraron: los Libertadores deben mantenerla a costa de sus sacrificios. Vuestro nombre pasará a la historia figurando entre los fundadores de las repúblicas. Bolivia es vuestra obra: ella como hija tierna y querida tiene derecho a los cuidados paternales. Ayacucho os impuso este deber: allí recibisteis de manos de la victoria los títulos de Padre y Fundador de Bolivia. Os conozco, señor, y por eso me atrevo a dirigiros mis súplicas: podréis mandar sin peligro y sin mancha: vuestra capacidad y vuestra alma grande responden de la prosperidad de Bolivia. Yo os he comprometido con el Congreso Boliviano: gratuitamente me he constituido vuestro fiador: espero me perdonéis una libertad que os honra, aunque os inmola a la vida pública: mas la gloria es la dicha del héroe.

Imploro de vos, señor, la felicidad de Bolivia: jurad ser Presidente Constitucional de esa República, que su ventura será perpetua.

Aceptad las expresiones de mi distinguida consideración y respeto.

—Bolívar.

A S.E. el Gran mariscal de Ayacucho, Presidente de la República Boliviana.

***

Contestación.

A S.E. el Libertador.

Señor.

Chuquisaca, 28 de octubre de 1827.

El Pueblo Boliviano, nombrándome su primer magistrado constitucional, quiso dar nuevos testimonios de su gratitud a los servicios que mandó hacerle la victoria, y que estaban reclamados por la justicia. Extendióse más allá de los límites que tocan a una nación, respecto de un hombre que, nacido fuera del país, solo tiene los títulos de la fortuna, me obligó, por los actos mismos de su benevolencia a contenerla, limitando en algún modo su desprendimiento.

Sabéis, señor, que amo a Bolivia como al suelo mismo en que vi la luz: sus multiplicados derechos a mi estimación, colmándome de honores y favor, se aumentan con los muy especiales que le da su nombre; este nombre que excita el entusiasmo y la veneración de todos los americanos, a quienes Bolívar sacó de la abyección y del oprobio para la libertad. Es por tanto de mi deber cuidar de la dignidad de este pueblo generoso, y cuando se ha creído o figurado creer, en algunas partes de nuestro continente, que él se ha degradado o plegádose a sugestiones, eligiendo a un extranjero para su Presidente Constitucional, me pertenece como a su Gran Ciudadano, preservarlo de una nota, tanto más dañosa a su reputación exterior, cuanto que se le imputa al momento mismo de aparecer ante las naciones libres del nuevo mundo.

Si a esta consideración, se añade mi repugnancia a la carrera pública, y mi insuficiencia para aquel elevado puesto, encontraréis razones demasiadas, no solo para aprobar mi resistencia a la Magistratura Suprema, sino para aplaudir mi resolución de entregar inmaculada la hija predilecta del padre de Bolivia, al Congreso Constitucional. Me consuela, señor, que vuestro constante beneplácito de mi conducta disculpe que en esta vez, me niegue a vuestros consejos, cuando siempre he sido dócil a los del Redentor de mi Patria.

Descendiendo de la Presidencia de Bolivia para mezclarme entre mis conciudadanos de Colombia, mis aspiraciones quedan satisfechas, y yo compensado del incesante tormento que me rodea en el ejercicio del poder. Si estando en el reposo de la vida privada, Bolivia tuviese algún riesgo, y juzgase útiles mis servicios, volaré desde el seno de mi familia a tomar parte en sus peligros, como un soldado. «Este es el juramento que os hago»; el día mismo de vuestro nombre, y en que un año ha, la munificencia del pueblo boliviano me ligó a sus destinos.

Acoged, señor, benignamente esta contestación sincera a vuestro despacho de 6 de abril que acaba de llegarme; y dignaos recibir mis consideraciones respetuosas y mis votos fervientes por vuestra ventura perdurable.

—Antonio José de Sucre.

Al Excmo. señor Libertador Simón Bolívar, Padre y Fundador de Bolivia.

***

Carta del Libertador al general Sucre.

Caracas, 6 de abril de 1827.

Mi querido general.

Con esta fecha mando a usted mi respuesta al Congreso boliviano, y a usted mismo me dirijo de oficio para comprometerlo a usted más, a que acepte la presidencia vitalicia de Bolivia. Yo me he tomado una libertad que se debe llamar usurpación, porque nadie en este mundo tiene derecho para esclavizar a otro. ¿Pero qué hemos de hacer? ¿Dejaremos perecer a Bolivia cuando es el gran trofeo de Ayacucho? No, mi querido general, salvémosla porque es nuestra hija gratuita, de adopción; nos la ha dado la fortuna, y no el acaso; diré mejor, nos lo ha dado el mérito, y no la suerte. No podemos negar una hija que ha salido de nuestra mente, como Palas de la cabeza de Júpiter, grande, bella y armada.

Yo he puesto al Congreso una condición sola la de que amen a usted, para que usted los pueda mandar siempre; porque el gran poder existe en la fuerza irresistible del amor. Un jefe republicano no puede mandar largo tiempo sino con tiranía, si la estimación popular no lo favorece. Como yo conozco a usted estoy persuadido de que este favor no le abandonará mientras que exista en Bolivia. Usted es un hombre impecable; tal es la opinión que he formado de su hermoso corazón.

Lo que más nos molesta por ahora en el Perú es el disgusto de Lara con el Gobierno: no sé qué causa tenga esto; pero algo ha habido. Lara ha renunciado su destino, y yo he escrito a Santander para que se lo dé a Sanders. También he pedido los batallones Rifles y Vencedor para la guarnición de Venezuela.

Soy de usted de todo corazón afectísimo amigo.

—Bolívar.

A S.E. el Gran mariscal de Ayacucho, Presidente de Bolivia.

***

Parece muy del caso reproducir el artículo siguiente, tanto más meritorio, cuanto que ha sido espontáneamente publicado por un peruano, que a pesar de no haber sido actor en la época de los sucesos que refiere, sí pertenece a la generación, que fue inmediatamente beneficiada por el término de la guerra de la independencia en la jornada de Ayacucho. Este recomendable sujeto es el señor doctor don Valentín Ledesma, Agente Fiscal de Lima, quien ruborizado sin duda de que en su patria se pretendiera maltratar, con injusticia, la respetada memoria del vencedor de Ayacucho, se impuso la noble obligación de rectificar los hechos, para autentizar, que la ingratitud es un sentimiento que no tiene cabida en el corazón de los peruanos sensatos y justos, quienes acatan con admiración y placer el recuerdo de sus verdaderos Libertadores. El señor Ledesma ha desempeñado su propósito con imparcialidad, maestría y lucimiento.

—Alcalá.

Del n.º 3.263 de *El Comercio* del martes 28 de mayo de 1850.

Junin y Ayacucho

o esclarecimientos a El Republicano de Arequipa

En la polémica que en estos días han suscitado el general Morán y los defensores del general Castilla, cada uno de ellos ha hecho a su modo una revista de la historia de la guerra de la Independencia, y de los sucesos acaecidos hasta la época presente.—Como cada uno de ellos ha escrito por pasión, y por el ciego interés personal: la verdad, la imparcialidad y la justicia han sido desterradas de sus producciones. —Castilla y Morán, soldados antiguos de la Independencia, han prestado servicios importantes a la América, y especialmente al Perú; tienen méritos indisputables a la estimación y gratitud públicas, no necesitaban para su elogio, o para su defensa, desfigurar la historia, llamar los amigos del uno usurpación extranjera, al auxilio y servicios del Libertador y de sus heroicas huestes, pretender empañar con embustes y cuentos inverosímiles y groseros las glorias, los merecimientos, los hechos ilustres de Bolívar y Sucre, y tratar de oscurecer las hazañas más admirables que el mundo ha visto: ni el otro querer santificar, la conquista boliviana de 1835, los inmensos males que fueron su consecuencia, y que destrozando la República, la cubrieron de sangre, de lágrimas, y de ignominia.

Semejantes escritos arrojan un resultado contrario al que sus autores sin duda se han propuesto, el cual será convencer al público; mas al público no se convence con mentiras, con fábulas forjadas al antojo del escritor, con relaciones apasionadas, con lisonjas y elogios fastidiosos, y menos aún echando cieno al nombre de los héroes inmortales.

Cuasi nos hemos separado de nuestro propósito, reducido a hacer algunos esclarecimientos sobre un artículo de *El Republicano de Arequipa*, que todos los periódicos de esta capital, incluso *El Peruano*, han reproducido, el cual más que ningún escrito se halla atestado de falsedades y fábulas. Los merecimientos de los que concurrieron a las batallas de Junín y Ayacucho, y la gloria adquirida en ellas, son tan grandes, que hay lo suficiente para dar a todos lo que les corresponde, sin necesidad de disminuir el mérito y la gloria de otros.—Argentinos, colombianos, peruanos, eran unos en aquellos días de eterna nombradía: sus méritos y glorias eran comunes: no hay pues para qué exagerar las de los nuestros a costa de la ajena.—El interés y la gloria de Junín y Ayacucho eran americanos; como americanos deben ser los sentimientos que inspire su recuerdo.

Dice *El Republicano de Arequipa*, hablando de Junín: Que el general Bolívar vio personalmente arrollar a su caballería colombiana, creyó perdida la batalla, que la ganó únicamente el Regimiento Húsares de Junín, cuyo nombre se negó a concederle, y que aun se molestó cuando el general Santa-Cruz se lo pidió para ese cuerpo, y que solo accedió por la notoriedad del suceso. Tal es el cuento de *El Republicano*. Vamos a ver la verdad.

En Junín toda la caballería patriota, compuesta de Granaderos a Caballo de Buenos Aires, Granaderos y Húsares de Colombia, y del Regimiento Peruano Húsares de la Legión, debió formar la línea de batalla en el llano de Reyes, quedando en reserva algo a retaguardia un escuadrón de Húsares de la Legión.—No se verificó con la celeridad que era necesaria el despliegue ordenado por el Libertador, por las dificultades del terreno, o por otras causas, y solo pudo hacerlo el Regimiento Granaderos de Colombia, que esperó al enemigo resueltamente a pie firme; y al estar ejecutando esa peligrosa maniobra, el resto de nuestra caballería fue toda arrollada por la española que brillantemente se echó sobre ella al galope, y la desbarató.

De la derrota se salvaron algunos Húsares de Colombia, que al mando del mayor Braun, se abrieron paso por entre las filas españolas, y el escuadrón de Húsares del Perú que quedó a retaguardia, y fue el que, capitaneado por el intrépido comandante Suárez, dio la victoria, a la que contribuyó toda la caballería patriota, que al ver la conducta del heroico escuadrón, retrocedió sobre la española, y completó la derrota de ésta.

El Libertador, demasiado justo y magnánimo para abrigar en su grande alma los sentimientos mezquinos, propios únicamente de los que se los suponen, y que nadie podía abrigar en aquellos días de verdadero patriotismo, concedió espontáneamente y con entusiasmo, el nombre de Húsares de Junín, al cuerpo a que pertenecía el valeroso escuadrón que dio la victoria.—Si él no hubiera querido hacerlo, ni el general Santa Cruz, ni otro alguno le hubieran arrancado la concesión.

Vamos al otro cuento no menos grosero que el anterior, pero más calumniante y depresivo del nombre inmortal del héroe de Ayacucho.—Dice el escritor de *El Republicano*, que el general Morán y otros atribuyen todo el mérito de la victoria de Ayacucho al general Sucre; pero que no fue así, porque él estaba durmiendo envuelto en su capote, mientras el general Lamar, que fue quien eligió el terreno para el combate, y persuadió a Sucre a presentarlo, valiéndose para ello de varios jefes colombianos, fue el que organizó la línea, distribuyó las fuerzas, y arengó a las divisiones y a los cuerpos: que cuando despertó Sucre, y vio que principiaba el descenso de los españoles del alto de Cundurcunca (este descenso se verificó a las diez de la mañana) le dijo Lamar: está organizada la línea: puede usted ya mandarla: yo he elegido la izquierda: ahí está el loco Valdés: yo quiero entenderme con él.

Es en el Perú en donde se halla el campo de Ayacucho: es a presencia de mil testigos que viven, donde se tiene la imprudencia de forjar estas mentiras tan torpes.—Si el general Lamar viviera, estamos ciertos de que, arrebatado por su característica probidad, arrojaría con indignación de sus manos ese papel embustero, como lo hizo en otro tiempo Filipo de Macedonia, en presencia de su autor, con un libro en que éste había escrito en su elogio cosas semejantes a las del Editor de *El Republicano de Arequipa.*

El general Lamar era un militar valiente y de talento: era un caballero distinguido por su honradez y educación: desplegó sus altas cualidades en Ayacucho, y combatió con brillo en la ala izquierda.—Su mérito para ser reconocido, no necesitaba defraudar el de otros.—Sus hechos en Ayacucho fueron harto suficientes para enaltecer su nombre, sin que fuera preciso forjarle fábulas.

Hablamos a presencia de mil testigos fidedignos, y que saben, porque les consta, que el general Sucre fue un genio sublime, uno de los más grandes guerreros de América, y uno de los héroes más admirables del mundo; y que como tal no necesitaba tomar consejos de nadie para sus sabias combinaciones estratégicas, para desplegarlas y ejecutarlas; ni que otros hicieran lo que a él solo correspondía hacer.

La batalla de Ayacucho no fue un hecho casual y aislado, sino el complemento de una campaña larga, penosa, peligrosísima: fue el término de esos hechos heroicos con que el ejército Libertador ostentó, cual ningún ejército, todo el valor, disciplina y constancia que poseía, sosteniendo su retirada desde las márgenes del Apurímac hasta el campo de

Ayacucho, seguido y combatido por un ejército soberbio de catorce mil hombres, victorioso, mandado por los mejores generales españoles, y compuesto de tropas bizarras por su valor y disciplina.

En esa campaña era necesario sostener combates diarios, verificar movimientos diestros, hacer evoluciones atrevidas a vista del enemigo: era necesario mantener el ejército, y proveer a todas sus necesidades, eran indispensables valor, firmeza, constancia, unión, y subordinación severa: era preciso un ejército de valientes, pero mandado por un héroe superior a ellos, a quien pudieran obedecer, respetar y temer; ese héroe era el general Sucre, que se bastaba para todo, que por sí mismo daba cuantas órdenes exigían las terribles circunstancias de cada momento, desde las más importantes operaciones hasta las más pequeñas necesidades del ejército, haciendo brillar en todas partes, y en todos instantes, su saber profundo en la ciencia de la guerra, su serenidad a toda prueba en los conflictos, y su actividad inimitable de día y de noche, y en los puestos de mayor peligro; entregándose apenas al reposo del sueño dos o tres horas ¡ese a quien *El Republicano de Arequipa* pinta durmiendo hasta las diez del día, mientras otro le disponía el plan de la batalla de Ayacucho!

El ejército unido se retiró del Apurímac por mandato expreso del Libertador.—El 5 de diciembre recibió el general Sucre la orden de dar batalla, y desde ese día buscaba la ocasión y el terreno para presentarla, no obstante que jamás la esquivó desde el principio de la campaña.—La fortuna se los ofreció en Ayacucho, cegando a los españoles para cortar la retirada al ejército patriota, y obligarlo a combatir o rendirse.—No fueron Lamar ni Sucre los que eligieron el terreno, sino la necesidad, o diremos mejor, fueron los españoles.

El general Sucre como siempre, y más en ese día tan importante, dispuso en persona todo el plan de batalla con su saber profundo en la milicia: él formó la línea con el tino exquisito que le era peculiar: él, al recorrerla toda a caballo, recordó a cada cuerpo con el lenguaje encantador que poseía, su deber, su patria, su honor y glorias, excitando con este paso en las tropas el más vivo entusiasmo; y últimamente, él, colocándose en un punto céntrico, con aire imponente y lleno de emoción, dijo en voz alta.

—¡De los esfuerzos de hoy pende la suerte de la América del Sur! —Y enseguida, señalando a las columnas enemigas que descendían al llano, añadió— ¡otro día de gloria va a coronar vuestra admirable constancia!

—A estas solemnes palabras contestaron los soldados del ejército libertador con ardientes y estrepitosos vivas, que fueron el presagio feliz de la victoria.

Vamos ahora a ver que el general Sucre se portó en la hora del combate como quien era, dando todas las órdenes convenientes en los más críticos momentos del tremendo choque, como el único que podía darlas, y como el único que, atendiendo a todas partes, podía conocer y estimar todas las circunstancias y accidentes que ocurrieron en ese combate, que decidieron el talento y el valor; porque siendo el ejército realista en un tercio mayor en número que el patriota, todo el suceso dependía de aprovechar con oportunidad y audacia de los lances que se presentasen, que es en lo que consiste lo esencial de una batalla; pues las disposiciones anteriores no son más que preliminares de ella.

A las diez de la mañana, las divisiones españolas empezaron a descender al llano de las alturas de Cundurcunca, la de Valdés por la derecha, por el centro la de Monet, y por la izquierda la de Villalobos. Apenas había comenzado el fuego de la primera contra nuestra izquierda, cuando una parte de la división Villalobos, salvando el barranco, emprendió a atacar nuestra derecha: el general Sucre conoció que había llegado el momento preciso de la lucha, y mandó a la división Córdova que inmediatamente atacase a la bayoneta la izquierda de los enemigos: conducida aquélla por su valientísimo general, y sostenida por dos cuerpos de caballería, acometió de un modo irresistible, y pocas veces visto: en un instante hizo pedazos a los enemigos, y enseguida, con la misma audacia, atacó a las dos columnas del centro que habían entrado en la línea de batalla, y las deshizo con igual felicidad, envolviendo en la derrota a los restantes batallones de las divisiones Monet y Villalobos que huyeron sin combatir; al mismo tiempo que la caballería destrozaba a la española, que no pudo descender toda del cerro.

La izquierda del ejército libertador era entre tanto vivamente atacada por la división de Valdés, compuesta de cuatro batallones, dos escuadrones, y cuatro piezas de artillería.—Habiendo rechazado a nuestras guerrillas, y aun a dos de nuestros batallones, dos cuerpos enemigos atravesaron el barranco en seguimiento de aquéllos, y toda la división española emprendió ya el mismo movimiento, haciendo la artillería sin cesar un vivísimo fuego: el batallón Vargas, enviado a reforzar nuestra izquierda también empezaba a ceder: el general Lamar se sostenía en este terrible conflicto con su imperturbable firmeza, y todos hacían prodigios de valor: entonces, percibiendo el general Sucre el peligro, mandó de la reserva al batallón Vencedor, y ordenó que acometiesen los famosos regimientos Húsares de Junín y Granaderos a Caballo de Buenos Aires: la embestida fue irresistible, siendo los primeros cuerpos que traspasaron el barranco, la Legión

Peruana, Vargas y la caballería—, para destrozar la valiente y magnífica división Valdés.

Como en las mismas circunstancias, el resto de la división Lara contribuía con la caballería de Colombia al ataque del centro del enemigo, la derrota se hizo completa.—Tal es en compendio la verídica relación de la batalla de Ayacucho, en la que se ejecutaron multitud de movimientos, y hechos de armas los más hábiles, audaces, oportunos y brillantísimos, sin que ninguno de ellos se hubiese verificado sino por orden terminante del general Sucre.

El ejército libertador no era como los ejércitos que habrá visto el escritor de *El Republicano*.—En él había orden, moralidad y subordinación severas, sin las que no hubiera ejecutado cosas tan grandes; así es que, era imposible que un general que mandaba una de las divisiones, por alto que fuese su mérito, se hubiera metido a hacer lo que correspondía únicamente al general en Jefe, y ni lo habrían sufrido los orgullosos y engreídos generales Colombianos; pues si tal cosa hubiese sucedido, el general Sucre se habría atraído el desprecio y la desobediencia en lugar de la admiración, del aprecio y respeto profundos que le merecieron sus prendas eminentes de cuantos lo han conocido, y especialmente de los veteranos del ejército libertador.

El general Lamar no eligió la izquierda para combatir, sino que el general Sucre así lo dispuso.—Era además imposible que supiese que por ese lado atacaría el general Valdés, porque los españoles no lo habían de haber comunicado a los patriotas; y por otra parte, fue aquel hombre ilustre muy delicado y circunspecto, para llamar loco a uno de los más distinguidos y respetables generales españoles.

En la batalla de Ayacucho todos cumplieron su deber, todos ostentaron valor y entusiasmo: un hecho de armas de tanta magnitud necesitaba el concurso de los esfuerzos de todos; pero el mérito, el honor y la gloria son debidos en sumo grado al general Sucre, vencedor en otras batallas no menos importantes.—Después de él podrá darse a cada uno la parte que tendría en la victoria.

Hemos escrito sin otro interés que el de la verdad y la justicia, y reclamamos en apoyo de cuanto hemos asentado el testimonio de los vencedores que aún viven, quienes, recordando los hechos de aquel día, y llenos de un noble entusiasmo, y de más noble orgullo, no podrán abrigar sentimientos mezquinos de envidia, de parcialidad, de provincialismo o nacionalismo, para sostener falsedades repugnantes a la verdad, a la historia, y a la dignidad de hombres libres.

—Unos peruanos.

***

Memoria biográfica

Del general Sucre, escrita por el doctor don José Manuel Losa en 1846, y publicada en La Paz

SUCRE[3]

¿Quién es aquel varón que enlaza los estandartes de la Independencia americana con la cruz de la redención en las cumbres del Pichincha? ¿Quién el guerrero que combate por la libertad en una altura tanta, donde jamás los mortales osaron lidiar?[4] ¿Es acaso algún gigante, que procura escalar los cielos, o es el genio predestinado para redimir la desventurada posteridad de los hijos del Sol... dignos de mejor ventura?

El ilustre discípulo de los veteranos Miranda y Piar, el primogénito de Bolívar, el heraldo de la victoria y el confidente de la gloria, es Sucre, quien allí afianza la emancipación de Colombia, es Sucre el destinado... ¡ah! ¡Qué acontecimientos tan grandiosos, qué porvenir tan fecundo en resultados, ni podrá abrazar la historia, ni comprenderlos la inmensidad de

3 Antonio José de Sucre, hijo de don Vicente Sucre y de doña Ana María de Alcalá, nació el 13 de junio de 1793 en Cumaná de Venezuela; y murió asesinado en Berruecos, provincia de Pasto, el 4 de junio de 1830 a la edad de treinta y siete años.
Así en el original. La verdadera fecha de nacimiento del mariscal Sucre es el 3 de febrero de 1795. Murió a los treinta y cinco años. (N. del E.)

4 Pichincha, monte volcánico situado al 1° 32" de latitud Sur en la República del Ecuador, y tiene la elevación de 5.812 varas castellanas sobre el nivel del mar. Sobre su cumbre existe una cruz que sirvió a los académicos españoles y franceses para calcular el verdadero valor de un grado en el Ecuador, en 1736, victoria en que tuvo gran parte la División Peruana comandada por el general don Andrés Santa Cruz (boliviano).

los siglos! Tal vez la civilización europea se implantará algún día en el seno virginal de América...

Cajamarca, prisión y cadalso de Atahualpa; Trujillo, que lleva el nombre de la Patria del conquistador Pizarra; la ciudad del Rimac, espléndida, amena, graciosa como su cielo, condenada cual bella cautiva de un Sultán, a servir por tres centurias de emporio o trofeo a los visires de Castilla: todos estos monumentos de profundo y tierno recuerdo, infunden en el ánimo del guerrero la noble ambición de reivindicar tantos ultrajes, desventuras tantas.

Colocado bajo el Ecuador sobre el Pichincha, arrebata del mismo cielo sus rasgos, para aniquilar la tiranía, asaltando desde Ayacucho a Condorkanki. El mismo día en que La Serna era creado Conde de los Andes, os alzasteis sobre ellos, ¡oh Sucre! cual Candor, cual Águila de triunfo.[5]

La Roma de América, el Cuzco y sus colinas inmortales[6] le saludan como al vengador de los incas. De allí la gloria le conduce en sus alas sobre las cimas del Illimani y del Potosí, para fundar un Estado que lleve el nombre de su Padre, la Nación Boliviana: para organizar y dirigirla ¡oh querido

5 Condorkanki significa «digno del Cóndor». El Rey de España expidió el título de Conde de los Andes en favor del Virrey La Serna el día 9 de diciembre de 1824.

6 En una carta escrita por el general O'Leary en 1825 se dice lo siguiente: «Cuzco me interesa infinito. Su historia, sus fábulas y sus ruinas son encantadoras. Esta ciudad puede con razón llamarse la "Roma de América"». La inmensa fortaleza en el lado del Norte de la ciudad es su Capitolio; y el Templo del Sol, su Coliseo. Mancocapac fue su Rómulo; Viracocha su Augusto, Huascar su Pompeyo, y Atahualpa su César. Los Pizarros, Almagros, Valdivias y Toledos, son los Hunos, Godos y Cristianos que la destruyeron. Tupac Amaru es su Belisario, que le dio un día de esperanza; Pumakagua es su Rienzi y su último patriota.

de los pueblos! deponiendo el casco guerrero por la corona cívica.

Dueño de la fortuna y de la gloria «no me es deshonroso, decía,[7] confesar mi educación de Soldado: no podía dirigir el país por un gobierno ni presentar a los primeros hijos de la revolución las leyes de la milicia, como bienes que esperasen de la victoria»; y convoca la primera Asamblea deliberante que fije la suerte política del pueblo primogénito de la Independencia americana. Así Sucre, más virtuoso y magnánimo que todos los vencedores romanos, desciende del carro triunfal para tributar sus adoraciones a la Libertad, y a la Soberanía Popular sus trofeos.

Invocado el «gran soldado de Ayacucho» para ser el primer gobernante de Bolivia, «ese soldado» que atribuye sus servicios a los Legisladores de Colombia, sus aciertos al Libertador, y sus triunfos al Ejército Unido; ese soldado, para honrar el aniversario de 25 de mayo, y la instalación del primer Congreso Constituyente, que funda con sus armas, expide un decreto[8] que parece el germen o el fruto de la más espléndida civilización; amnistía para todos los errores políticos y crímenes atentatorios de la Independencia, durante la guerra santa que ella inspiró: sanción del principio contra inquisitorial, de que no hay poder humano sobre las conciencias: invitación a todos los hombres de la tierra, para que mediante la salvaguardia de sus derechos, y la especial protección al talento, vengan a rendir su culto a la Libertad.

«He observado el principio... de que en polí... tica no hay odio ni amistad, ni otros deberes que llenar, sino la dicha del pueblo que se gobierna... La Constitución me hace inviola-

7 Palabras del Mensaje presentado a la primera Asamblea deliberante de Bolivia en mayo de 1825.

8 En 25 de mayo de 1825.

ble... ruego que se me destituya de esta prerrogativa. Si hasta el 18 de abril se me justifica una sola infracción de ley...

volveré de Colombia a someterme al fallo de las leyes». He aquí el símbolo político que profesó, el código moral que impuso a su corazón el primer Jefe Constitucional de Bolivia.

Sus palabras postreras en la despedida del mando supremo han ratificado compromisos que parecían adelantarse a las mismas esperanzas. «Para alcanzar los bienes de la Independencia y de la organización del Estado... que se me habían confiado, no he hecho gemir a ningún boliviano; ninguna viuda, ningún huérfano solloza por mi causa: he levantado del suplicio porción de víctimas condenadas por la ley; y he señalado mi gobierno por la clemencia, la tolerancia y la bondad. Acaso se me culpe de que esta condescendencia sea el origen de mis heridas; pero estoy contento de ellas, si mis sucesores, con igual lenidad acostumbran al Pueblo Boliviano a conducirse por las leyes; sin que sea necesario que el estrépito de las bayonetas esté perennemente amenazando la vida del hombre, y amenazando la libertad. En el retiro de mi vida veré mis cicatrices: y nunca me arrepentiré de llevarlas, cuando me recuerden que para formar a Bolivia, preferí el imperio de las leyes, a ser el tirano o el verdugo que llevara siempre una espada pendiente sobre la cabeza de los ciudadanos». ¡Qué política tan sublime! El Apóstol y Mártir de la libertad sabía que ésta no podía existir sin la moral, he aquí por qué no hay virtudes entre los esclavos.

Después de rogar, por premio a sus servicios el ser sometido al fallo de las leyes, renunciando su inviolabilidad personal, y cuando el vencedor era vencido por la revolución, entonces interpela a la Nación entera por este galardón: «el de no destruir la obra de su creación; de conservar entre todos los peligros la independencia de la República».[9] ¡Qué recompensa! El suplicante anhela inmortalizar con ella el nombre de Bolívar, la obra de su creación, y los esfuerzos heroicos que la prepararon. «Bolivia ha escuchado sus plegarias, y esas palabras grabadas sobre el pedestal del busto de Sucre, constituyen el los bolivianos saben amar y cumplir.

¡Cuán brillantes memorias arroja esa vida que ha pasado cuál relámpago de salud y consuelo! ¡Cuánta sagacidad con Murillo el sanguinario para regularizar y conjurar la guerra a muerte! ¡Cuánta generosidad y patriotismo a bordo de la fragata «Porcospin» y al frente de El Callao! ¡Cuánta magnanimidad en Ayacucho y Tarqui, y con aquel infeliz o ingrato que atentara en Sucre contra su vida!

Aquel día en que presentasteis en la plaza de La Paz a Bolívar las legiones vencedoras de Ayacucho: cuando le disteis cuenta de vuestra misión libertadora: cuando le dijisteis: «que el padre y los hijos peregrinantes desde las riberas del Orinoco se habían reunido triunfantes en la cuna de la Libertad»; cuando callasteis interrumpido por el llanto, o recordando catástrofes, u oprimido por el exceso de la felicidad, o figurándoos, cual si presentes estuvieran los cadalsos y víctimas del año 9 en ese mismo lugar. ¿Fueron aquellas lágrimas de sangre o de fuego, o querían imitar a las que virtió Jesús por la salvación del género humano?[10]

Cuando en ese día cedisteis, con generoso y fino desdén, al Libertador, la guirnalda de oro con que él mismo coronará vuestras sienes; cuando aclamado como Vencedor respondisteis: «vuestro solo nombre me ha hecho triunfar en Ayacucho» os parecíais ¡qué bello y sublime espectáculo! al Adonis

9 Las palabras insertas en los tres párrafos anteriores, constan en el Mensaje presentado en agosto de 1828 al Congreso Extraordinario.
10 Acontecimientos del 18 de agosto de 1825 en la ciudad de La Paz.

mimado por la gloria; erais ¡oh Sucre! o la ilusión del poeta, o la poesía del heroísmo.

«Sucre es mi brazo derecho» exclamaba el Libertador. Cuando éste supo el contraste de Berruecos, no pudo sobrevivir por más de seis meses; y prefirió morir en Santa Marta para vivir a la heroica, en forma de busto truncado de sus brazos.

¡Cuán hermosa ha sido la aurora, cuán radiante el Sol de su vida, cuán tempestuosa la tarde de sus días! Los ciudadanos del mundo y de la historia por una gran revolución; las sombras de los héroes, solo visibles por el reflejo de la gloria; los grandes genios que se fueron, ¡ay! merecen la admiración y el llanto de las naciones.

La muerte de Sucre en Berruecos ha sido un sueño fatal, cual su vida fue un meteoro de luz beneficiosa y refulgente. No ha fallecido tal vez, quien debió ser inmortal sobre la tierra agradecida. Quizá desapareció solamente, como Licurgo, para hacer respetar su obra y sus leyes hasta su regreso. Dícese que Rómulo, fundador fue muerto en el Senado; pero una estrella le representa entre los astros: las almas puras tienen su patria en el cielo. A los pueblos en orfandad queda el triste y tardío recurso de disputarse la posesión sobre los restos mortales de sus bienhechores. ¡Al boliviano no sonreirá el consuelo siquiera de besar la losa que los cubre!

Bajo de un morrión y de una coraza de fierro, había una cabeza que pensaba y un corazón que sentía. El varón destinado para restituir a la Independencia el mundo que a Castilla dio Colón, era un filósofo encarnado en un guerrero; he aquí Sucre.

Libros a la carta

A la carta es un servicio especializado para
empresas,
librerías,
bibliotecas,
editoriales
y centros de enseñanza;
y permite confeccionar libros que, por su formato y concepción, sirven a los propósitos más específicos de estas instituciones.

Las empresas nos encargan ediciones personalizadas para marketing editorial o para regalos institucionales. Y los interesados solicitan, a título personal, ediciones antiguas, o no disponibles en el mercado; y las acompañan con notas y comentarios críticos.

Las ediciones tienen como apoyo un libro de estilo con todo tipo de referencias sobre los criterios de tratamiento tipográfico aplicados a nuestros libros que puede ser consultado en Linkgua-ediciones.com.

Linkgua edita por encargo diferentes versiones de una misma obra con distintos tratamientos ortotipográficos (actualizaciones de carácter divulgativo de un clásico, o versiones estrictamente fieles a la edición original de referencia).

Este servicio de ediciones a la carta le permitirá, si usted se dedica a la enseñanza, tener una forma de hacer pública su interpretación de un texto y, sobre una versión digitalizada «base», usted podrá introducir interpretaciones del texto fuente. Es un tópico que los profesores denuncien en clase los desmanes de una edición, o vayan comentando errores de interpretación de un texto y esta es una solución útil a esa necesidad del mundo académico.

Asimismo publicamos de manera sistemática, en un mismo catálogo, tesis doctorales y actas de congresos académicos, que son distribuidas a través de nuestra Web.

El servicio de «libros a la carta» funciona de dos formas.

1. Tenemos un fondo de libros digitalizados que usted puede personalizar en tiradas de al menos cinco ejemplares. Estas personalizaciones pueden ser de todo tipo: añadir notas de clase para uso de un grupo de estudiantes, introducir logos corporativos para uso con fines de marketing empresarial, etc. etc.

2. Buscamos libros descatalogados de otras editoriales y los reeditamos en tiradas cortas a petición de un cliente.

www.ingramcontent.com/pod-product-compliance
Lightning Source LLC
LaVergne TN
LVHW090318160826
845684LV00002B/23

* 9 7 8 8 4 1 1 2 6 1 0 7 4 *